Boas práticas de internacionalização

Slavica Stojkovic

Boas práticas de internacionalização das PME na Sérvia

ScienciaScripts

Cover image: www.ingimage.com

This book is a translation from the original published under ISBN 978-3-330-08459-9.

Publisher:
Sciencia Scripts
is a trademark of
Dodo Books Indian Ocean Ltd. and OmniScriptum S.R.L publishing group

120 High Road, East Finchley, London, N2 9ED, United Kingdom
Str. Armeneasca 28/1, office 1, Chisinau MD-2012, Republic of Moldova, Europe

ISBN: 978-620-7-27688-2

Índice:

INTRODUÇÃO

O tema principal da tese serão as boas práticas de internacionalização das pequenas e médias empresas (PME) na Sérvia.

Desde o início dos meus estudos, fiquei fascinada com o fenómeno da globalização e do processo de internacionalização, com o que este trouxe à forma atual de fazer negócios e com a influência que teve na criação de melhores oportunidades de negócio. O que é a globalização? Que benefícios trouxe para a sociedade em geral e para as empresas em resultado disso? A globalização trouxe muitos benefícios para a sociedade. Eliminou as barreiras ao comércio, desenvolveu as telecomunicações e os transportes e tornou o acesso à Internet mais fácil e mais barato. De acordo com Pantelic et al., a globalização também trouxe muitos desafios e dilemas. A globalização criou melhores condições para o desenvolvimento do comércio, melhorou o ambiente e a estabilidade social, proporcionou melhores padrões de saúde, melhorou os direitos humanos e valorizou a identidade cultural. A globalização tornou menos visível o fosso entre ricos e pobres, mas, ao mesmo tempo, tornou mais feroz a concorrência entre pequenos e grandes. Para sobreviverem neste mundo competitivo e desafiante, as pequenas e médias empresas viraram-se para a procura de novas oportunidades para as suas actividades.

A globalização fez com que as PME passassem do mercado interno para o mercado externo, para novas oportunidades e possibilidades de negócio. Com os benefícios, há concorrência e a única forma de sobreviver é voltar-se para os mercados estrangeiros ou internacionalizar a sua atividade.

Daqui se pode deduzir a seguinte questão. De que forma é que a internacionalização beneficia as pequenas e médias empresas? Como é que um empresário decide voltar-se para os mercados externos? Quais são as boas práticas de internacionalização de uma empresa?

As questões acima referidas constituíram um guia fundamental e a razão de ser do trabalho de tese.

1.1. Internacionalização das PME

As PME são os principais actores da economia. O reconhecimento de boas práticas de internacionalização pode melhorar o ambiente empresarial das PME na Sérvia. A internacionalização pode ser definida como uma "série de actividades empresariais fora das fronteiras nacionais que se baseiam na aplicação da noção de marketing internacional" (Paunovic e Prebezac, 2010)

A globalização exerceu uma forte influência nas pequenas e médias empresas e na sua filosofia empresarial. Cada vez mais PMEs precisam de pensar globalmente e agir rapidamente para sobreviver aos desafios e ameaças que a concorrência no processo de globalização traz. Se não tomarem medidas, podem ficar expostas ao risco de desaparecerem ou de serem adquiridas por uma empresa com mais recursos. (Ibid, 8)

A Comissão Europeia, juntamente com os seus Estados-Membros, envidou esforços para identificar e trocar boas práticas em muitos domínios da política das PME. As boas práticas também foram enraizadas na Carta Europeia das Pequenas Empresas (CE, 2014), e continuaram a expandir-se no âmbito das prioridades do Small Business Act para a Europa[1]. O resultado de todas as boas práticas identificadas é uma base de dados que foi criada em[2].

Vamos analisar algumas das definições de boas práticas para compreendermos melhor o seu significado principal e, ao mesmo tempo, podermos identificá-las mais facilmente.

Numa definição simples, boas ou mais conhecidas como melhores práticas, de acordo com a Wikipédia, é um método ou uma forma que é frequentemente utilizada e que mostrou os melhores resultados em comparação com outros métodos semelhantes que não foram tão bem sucedidos. As melhores práticas são uma "palavra-chave" empresarial utilizada para descrever um processo de desenvolvimento e seguimento de uma forma normalizada de fazer as coisas que outras organizações podem utilizar. (Wikipedia, 2014)

A Comissão Europeia define "boas práticas" como uma abordagem para os decisores políticos e os profissionais, para que estes prestem atenção e se interessem por elas, a fim de inspirar novas mudanças, enquanto "melhores práticas" são definidas quando os profissionais olham para além das suas circunstâncias locais e fronteiras nacionais. (Ibid, 2014) Como explica a CE, muitos Estados-Membros inspiraram-se nas medidas desenvolvidas por outros Estados-Membros e, desta forma, estão ao mesmo tempo a beneficiar dos pontos fortes uns dos outros numa "fertilização cruzada de ideias".

Os principais exemplos que testemunham o sucesso das melhores práticas são: A aplicação do princípio *Think Small First*, a simplificação dos procedimentos de arranque, a internacionalização das PME, a educação contínua do empreendedorismo, a redução dos procedimentos administrativos. (Ibid, 2014)

Ao aprender com a proposta e as recomendações da CE, especialmente com a revisão "Pensar em grande para as pequenas empresas", a Sérvia e as suas PME podem ancorar o seu navio para navegar em águas calmas, para tentar escapar ou reduzir os encargos no caminho para a internacionalização das PME. Ao utilizar e aplicar as melhores práticas da União Europeia e de outros países terceiros, a Sérvia, enquanto país

---

[1] O Small Business Act para a Europa foi adotado em junho de 2008 e aplica-se a todas as empresas independentes com menos de 250 trabalhadores, o que, aliás, representa 99% de todas as empresas europeias. Esta lei reflete a vontade política da CE de reconhecer o papel central das PME na economia da UE e também, pela primeira vez, estabelece um quadro político abrangente para as PME na UE e nos seus Estados-Membros. (CE, 2014)

[2] Acesso à base de dados disponível em: http://ec.europa.eu/enterprise/policies/sme/best-practices/database/SBA/mdex.cfm?fuseaction=practice.list

candidato, pode começar a preparar-se para a adesão aplicando as mesmas melhores práticas à sua promoção e, ao mesmo tempo, criar um ambiente empresarial sólido para as PME na Sérvia.

1.2. O problema da investigação

A economia global pode ser caracterizada como um aparelho que estimula o espírito competitivo no mundo dos negócios, estimula o crescimento tecnológico, desenvolveu e expandiu as TIC e abriu uma porta para um comércio mais liberal.

Apesar de a União Europeia ter criado um mercado único de mais de 450 milhões de consumidores e de a globalização mundial ter derrubado as barreiras do mercado e reduzido o preço dos transportes, da comunicação e da informação, infelizmente as PME continuam a enfrentar dificuldades para entrar no mercado externo. Existe uma tendência para a maioria das PME continuar a depender do mercado local, independentemente das boas oportunidades e possibilidades que a internacionalização traz. Por exemplo, na CE, apenas um quinto das PME europeias tem actividades de exportação, enquanto apenas 3% das PME no estrangeiro têm os seus escritórios, subescritórios ou investimentos em joint-ventures. (CE, 2007:7)

Como dissemos anteriormente, a globalização, enquanto fenómeno, trouxe muitos benefícios à sociedade, mas também trouxe uma arena de negócios mais competitiva e incerta. O mundo dos negócios já não está centrado apenas no mercado local, mas também se voltou para novos mercados por descobrir. Isto deve-se principalmente ao facto de o negócio que trouxe lucro e crescimento às empresas já não ser o mesmo. A globalização obrigou os empresários a procurar novas formas de encontrar oportunidades de negócio e uma forma de garantir a sua posição no mercado, ou seja, a transformar o seu negócio no estrangeiro ou a internacionalizar-se. (CE, 2013)

No processo de internacionalização, as PME, ou melhor, os seus gestores e directores, passaram a compreender e a lidar com as diferenças multiculturais. Isto influenciou os gestores a lidarem e prepararem as suas empresas de acordo com as diferenças que encontram. Por exemplo, a teoria das dimensões culturais de Hofstede tem sido utilizada por muitos investigadores para compreender os efeitos da cultura de uma sociedade nos valores dos seus membros. Isto é muito importante para a gestão internacional e para a comunicação intercultural no que diz respeito aos negócios internacionais. As dimensões dos valores culturais são analisadas de forma a compreender as diferenças de uma determinada cultura. As quatro dimensões mais comuns analisadas e utilizadas são: individualismo-coletivismo, evitamento da incerteza, distância ao poder (força da hierarquia social) e masculinidade-feminilidade (orientação para a tarefa versus orientação pessoal).

A importância deste facto reside no facto de as dimensões culturais terem uma grande influência na forma como as pessoas de diferentes culturas reagem (bem ou mal) a determinados problemas. As dimensões culturais mostram diferentes formas de resolução de problemas ou de como o problema está a ser abordado.

1.3. Objetivo e finalidade da investigação

Tal como aprendemos no início do trabalho, a internacionalização, enquanto produto da globalização, tem uma forte influência e benefícios para a economia do país, para o seu desenvolvimento e crescimento. Tendo isto em conta, podemos dizer que na Sérvia existe uma tendência lenta, mas crescente, de que cada vez mais PMEs se estão a voltar para a internacionalização dos seus negócios, a fim de ganhar ou manter a competitividade.

O objetivo da tese é mostrar, seguindo as boas práticas das PME que iniciaram a sua atividade fora do mercado nacional, os benefícios que a internacionalização traz para uma empresa. Veremos se as boas práticas podem persuadir outras PMEs na Sérvia a orientarem a sua atividade para o mercado externo. Ao mostrar os principais benefícios e oportunidades da internacionalização, espera-se que isso influencie e incentive outras pequenas e médias empresas a correrem riscos e a tornarem a sua atividade global. Tentaremos compreender e explicar quais são os principais factores que fazem com que as PME passem do mercado interno para o mercado externo. Alguns dos principais factores de motivação para a internacionalização, de acordo com o relatório da OCDE (2009), são: motivação para o crescimento, alargamento dos conhecimentos e estabelecimento de redes.

QUESTÃO PRINCIPAL DE INVESTIGAÇÃO, QUESTÕES ESPECÍFICAS E HIPÓTESES

Através de um questionário estruturado, tentaremos obter respostas diretamente dos exportadores, membros da Associação de Exportadores da Sérvia (EAS) e da sua experiência no processo de internacionalização.

Eis algumas das principais questões colocadas aos nossos empresários.

Quais foram os principais factores de motivação para a sua internacionalização? Quais são os modos mais comuns de entrada no mercado estrangeiro? Quais os obstáculos que encontraram no seu percurso de trabalho no estrangeiro? A que serviços de apoio estiveram expostos e que serviços de apoio no futuro os beneficiariam no seu processo de internacionalização?

Após a conclusão e análise, esperamos encontrar uma resposta à nossa principal questão de investigação.

"Quais são as boas práticas de internacionalização das PME na Sérvia?"

Porque é que isso é importante? Porque nos dará uma "estrutura" ou um modelo a seguir por outras PMEs que planeiem transformar a sua atividade no estrangeiro ou que estejam em processo de internacionalização. Ao seguir as boas práticas de internacionalização, o processo deverá tornar-se mais adaptável, mais fácil e, em certa medida, mais rápido. Tentarão evitar os obstáculos atualmente reconhecidos e evitar possíveis dificuldades que encontrarão durante o processo de internacionalização da sua empresa.

As perguntas específicas que retiraremos da questão principal da investigação são as seguintes

4- Quais são os principais factores de motivação para a internacionalização das empresas na Sérvia?

4- As boas práticas podem influenciar os empresários a internacionalizarem as suas empresas?

Eventual hipótese da nossa investigação;

> O processo de internacionalização é a nova forma moderna de negócio, especialmente para as PME em rápido crescimento.

METODOLOGIA

3.1. O método de investigação

Para a realização desta investigação, foram seguidas as seguintes etapas;

I. Encontrar e analisar literatura acessível, relatórios, inquéritos e artigos relacionados com o tema principal

II. Realizar a parte teórica da tese

III. Recolha e pesquisa de dados secundários, análise de dados adicionais

IV. Trabalhar na interpretação dos dados, verificando as hipóteses do nosso trabalho

V. Redação da parte prática da tese de mestrado

A amostra do nosso estudo de caso será constituída por exportadores de pequenas e médias empresas da Sérvia.

A investigação será qualitativa; o número de casos a analisar será pequeno - retirado da EAS na Sérvia, que tem cerca de 40 membros registados no momento da realização deste estudo.

A população é heterogénea e, por conseguinte, a investigação não será aleatória, mas será selecionada propositadamente entre os membros do EAS que têm experiência em primeira mão e que fazem negócios no estrangeiro há pelo menos dois anos.

3.2. Estudo de caso

Quem?	Pequenas e médias empresas (PME) da Sérvia cuja atividade principal é a exportação
Como?	Questionário estruturado e entrevista individual
Onde?	Belgrado, Sérvia - EAS - Associação de Exportadores da Sérvia www.eas.rs

3.3. Recolha de dados primários e secundários

Os dados primários serão recolhidos através de um questionário e de entrevistas pessoais, caso seja possível dispor do tempo e da vontade dos empresários e/ou gestores das empresas. A amostra será constituída por cerca de 40 exportadores, de acordo com o último número de membros registados da Associação de Exportadores da Sérvia (EAS). O nosso inquérito limita-se aos exportadores que tenham tido prática e experiência em negócios fora do mercado local, com um mínimo de dois anos de vendas internacionais.

Os dados secundários serão recolhidos através de investigação documental, envolvendo o resumo, a compilação e/ou a mistura de investigação existente. Revisão da literatura, inquéritos, relatórios, jornais e revistas, através de dados publicamente disponíveis. Recolha de dados em primeira mão sobre informações e boas práticas em matéria de exportação, tais como a Agência Sérvia de Registo Comercial, a Câmara de Comércio Sérvia, o Ministério da Economia, a Agência Nacional de Desenvolvimento

Regional, a Agência Sérvia de Crédito à Exportação e Seguros.

3.4. Validade e fiabilidade

Ao examinar e analisar as boas práticas de internacionalização das PME na Sérvia, tentaremos descobrir se existe um padrão ou semelhança em comparação com as PME da UE. E quais foram as razões mais comuns para passar do mercado local para o mercado externo. Estas informações dar-nos-ão mais orientações para serem utilizadas por outras PME na Sérvia, para serem transformadas num "sistema normalizado" para entrar no mercado externo de uma forma mais fiável e promissora.

A internacionalização é um processo obrigatório para qualquer empresa que pretenda tornar-se competitiva. Este é um processo que na maioria das vezes é moroso e agonizante, no entanto, não significa que se deva deixar de tentar internacionalizar o seu negócio.

Através desta investigação, tentaremos tornar a internacionalização mais apelativa e ajustável para todas as pequenas e médias empresas que desejem experimentar o chamado processo de internacionalização, que se tornou uma necessidade e uma exigência nos negócios actuais.

3.5. Problemas que podemos encontrar

É possível que os exportadores respondam pouco ao nosso questionário por falta de vontade. Não estão dispostos a divulgar e a partilhar a sua experiência internacional, bem como a revelar a forma como a empresa começou a fazer negócios no estrangeiro. Outros problemas que podemos encontrar são a dificuldade em marcar entrevistas presenciais.

ENQUADRAMENTO DO TRABALHO

A tese de mestrado está dividida em cinco secções centrais e lógicas;

I. Parte introdutória - explica o problema, a finalidade e o objetivo da investigação. A principal questão de investigação, as questões específicas e as hipóteses possíveis, bem como a metodologia utilizada para responder à questão de investigação,

II. A segunda parte explica certas palavras-chave para uma melhor compreensão do problema de investigação,

III. Centra-se nas teorias mais comuns da internacionalização, nos motivos e nas barreiras encontradas no processo de internacionalização. Serviços de apoio implementados e analisados na UE e na Sérvia utilizando um método de comparação,

IV. Compilação e análise dos resultados do inquérito,

V. Recomendação e conclusão

CLARIFICAÇÃO DE PALAVRAS-CHAVE

Para compreender melhor o significado de internacionalização e a importância de as PMEs se voltarem para os mercados estrangeiros, daremos uma explicação breve mas abrangente das palavras-chave com que nos deparámos mais frequentemente ao longo do tópico de investigação. Esperamos que isto ajude o leitor a compreender o processo de internacionalização de uma forma clara e abrangente.

5.1. Empreendedorismo

A palavra empreendedorismo foi escrita pela primeira vez no ano de 1730, por um economista irlandês Richard Cantillon, no seu ensaio que explicava a natureza do comércio. Explicou o empreendedorismo como uma manifestação que consiste em correr riscos ao comprar, pagando um determinado preço com o objetivo de vender mais tarde com um valor instável. O espírito empresarial também pode ser descrito através da utilização dos seguintes atributos: profissionalismo, criatividade, assunção de riscos e competitividade. Atualmente, o empreendedorismo tem uma definição muito mais ampla, descrevendo cada empresário pela sua forma única de exercer a sua atividade. (Tomanic Vidovic, M, 2011)

O pai do espírito empresarial é, até agora, o economista austríaco Joseph Alois Schumpeter, que utiliza o empresário como um ponto-chave na sua interpretação do capitalismo. De acordo com Schumpeter, o empresário é a resposta de todas as mudanças e desenvolvimento económico (inovação). Como sabemos, as inovações são os principais motores do desenvolvimento económico, o empreendedorismo é o nome de uma atividade que consiste em fazer inovações, e os detentores dessas actividades são os empreendedores.

O espírito empresarial é definido como a criação de uma empresa. Quando o empresário desenvolve um modelo de negócio e adquire os recursos necessários, torna-se totalmente responsável pelo êxito ou pelo fracasso da empresa. É por esta razão que o espírito empresarial tem sido considerado um dos principais motores do crescimento económico no mundo.

De acordo com o entendimento moderno do empreendedorismo, David Birch, 1987, identificou os seguintes factos fundamentais: as pequenas empresas são o motor do crescimento da economia, são criadoras de riqueza e emprego através da inovação, proporcionam um mecanismo de distribuição justa do capital baseado na inovação, no trabalho diligente e na assunção de riscos. (Tomanic Vidovic, M, 2011)

5.1.1 Empresário

A palavra empresário deriva da palavra francesa que significa literalmente **aquele que empreende** uma **determinada tarefa**, entrepren, empreender. (Latim *inter + prendere* para tomar).

O empreendedor é o símbolo de um líder ou de uma pessoa responsável que não tem medo de correr riscos, de tomar iniciativas e de tirar partido das oportunidades do mercado. Ele ou ela planeia, organiza e emprega recursos através da inovação de novos produtos ou serviços ou da melhoria dos já existentes.

O empresário é uma pessoa que identifica atempadamente as oportunidades, obtém os recursos necessários, completa o plano de ação e, em contrapartida, é recompensado.

As principais características de um empresário de sucesso podem ser definidas pelas seguintes qualidades;

Um must para a realização,

Disponibilidade para assumir riscos,

Tem um elevado nível de confiança,

Criativo,

Inovador,

Um visionário,

Confia nos seus instintos pessoais. (Penezic, D.N., 2010)

5.2.   Internacionalização

Como podemos definir a internacionalização? O que é que nos vem primeiro à cabeça quando nos deparamos com o significado de internacional? Quais são as características da internacionalização?

A economia define a internacionalização como um processo de "envolvimento crescente de uma empresa no mercado internacional". (Wikipédia, 2014)

Quando nos referimos à internacionalização, pensamos frequentemente em empresas cuja principal atividade comercial internacional é a exportação. Por tradição, a exportação é considerada uma forma de aumentar o crescimento das empresas. No entanto, na última década, as empresas estão envolvidas em diferentes actividades comerciais como forma de internacionalização, a fim de obterem vantagens competitivas. Algumas destas actividades são: parcerias com empresas estrangeiras, investimento direto estrangeiro, redes transfronteiriças e outras actividades para facilitar o intercâmbio de tecnologia e conhecimentos que permitam às PME formular uma estratégia comercial internacional forte.

Além disso, a internacionalização é frequentemente utilizada como sinónimo de transnacionalização ou multinacionalização, definida e caracterizada pela "transferência de relocalização de recursos, principalmente capital e, em menor grau, trabalho - de uma economia nacional para outra" (Daszkiewicz N & K. Wach, 2012). Os autores distinguem a multinacionalização como um termo mais restrito do que a internacionalização. A multinacionalização é obtida ou alcançada por subsidiárias directas, aquisições e outras formas de cooperação, enquanto a internacionalização é definida como qualquer tipo de atividade internacional. (Ibid, 8)

O relatório final e estudo da CE de 2010 sobre as PME europeias, que incluiu 9.480 PME em 33 países europeus durante a primavera de 2009, categoriza e refere a internacionalização a todas as actividades que colocam as PME numa "relação comercial significativa com um parceiro estrangeiro" (CE, 2010). Isto inclui exportações, importações, investimento direto estrangeiro (IDE), subcontratação internacional e cooperação técnica internacional.

5.3.   Globalização

Ao explorar a internacionalização, não podemos ignorar a globalização. A globalização, um conceito muito mais jovem, tornou-se um tema popular na década de 1990. Daszkiewics, N. & K. Wach (2012) definem a globalização na macroeconomia como um "fenómeno de aumento dos laços entre as economias a nível mundial, na sequência do aumento da dimensão e da diversidade das transacções de bens, serviços e fluxos financeiros internacionais, bem como das transferências de tecnologia daí resultantes"

Uma boa definição de globalização, dada por Stiglitz (2002, 9), é a "integração mais estreita dos países e povos do mundo, provocada pela enorme redução dos custos de transporte e comunicação e pela eliminação de barreiras artificiais aos fluxos de bens, serviços, capitais, conhecimentos e (em menor grau) de pessoas através das fronteiras". De acordo com Begg. I., et al., a globalização é percebida e vista pelo público como diversos desenvolvimentos "começando por várias actividades económicas transfronteiriças, passando pelo progresso da tecnologia e da comunicação, até às transformações sociais e culturais". (2008, 18).

5.4.   Pequenas e médias empresas

O conceito de pequena e média empresa (PME) refere-se a uma empresa de todos os sectores que não excede uma determinada dimensão. Os critérios quantitativos mais utilizados para determinar se uma empresa pertence a uma pequena ou média empresa são o número de empregados e o volume de negócios.

A Comissão Europeia define as PME de acordo com a seguinte categoria: "A categoria de micro, pequena e média empresa é constituída por empresas que empregam menos de 250 pessoas e que têm um volume de negócios anual que não excede os 50 milhões de euros".

A categoria das PME na Sérvia é também determinada pelo número de trabalhadores, pelo volume de negócios anual e pelo valor do capital, de acordo com a lei sobre contabilidade e revisão de 2006. (Ver quadro abaixo). As microempresas têm até 9 trabalhadores, as pequenas empresas têm entre 10 e 50 trabalhadores, enquanto as médias empresas têm entre 50 e 250.

Figura 1. Critérios de seleção das médias empresas na Sérvia

Empresa de média dimensão	Número médio de trabalhadores	De 50 a 250
	Volume de negócios anual	De 2.500.000 a 10.000.000 euros
	Valor médio do capital	De 1.000.000 a 5.000.000 euros

Ao analisar os critérios das médias empresas, é fácil determinar as micro e pequenas empresas que não preenchem os critérios acima referidos.

Uma das principais características que determinam e separam as PME das grandes empresas é a dinâmica e a flexibilidade. As pequenas e médias empresas são capazes de se adaptar mais rápida e facilmente a condições económicas arriscadas e instáveis no dia a dia das empresas. Para que as PME sobrevivam e se mantenham competitivas, têm de ser capazes de se adaptar aos desafios que enfrentam na era da globalização. O que nos interessa é saber como e que medidas tomam para reagir e se adaptarem aos desafios que enfrentam? De acordo com Daszkiewics, N. & K. Wach (2012), a globalização e a internacionalização são oportunidades e ameaças para as pequenas e médias empresas.

No entanto, podemos considerar as PME como empresas que têm vantagens sobre as grandes empresas. Uma das principais vantagens é não ter barreiras em termos de hierarquia e flexibilidade, especialmente quando se trata de tomar decisões, e necessitar de um período mais curto para responder às necessidades dos consumidores e do mercado. As PME também se caracterizam por facilitar as parcerias com empresas que são adequadas para alcançar resultados comerciais sinergéticos, de acordo com Paunovic e Prebezac. (2011, p.60)

As características acima mencionadas são também, ao mesmo tempo, factores de motivação que levam as PME a internacionalizarem-se. Os mesmos autores referem que existem quatro motivos básicos para a internacionalização das PME: produto único, vantagem tecnológica sobre a concorrência, obtenção de economias de escala e vontade de aproveitar todas as potenciais oportunidades de negócio nos mercados estrangeiros.

TEORIAS DA INTERNACIONALIZAÇÃO

Para compreender o processo e o fenómeno da internacionalização, vamos analisar e observar diferentes teorias da internacionalização. Ao analisar as diferentes teorias, o nosso objetivo é compreender melhor as principais razões pelas quais as PME se voltam para novos mercados estrangeiros no seu caminho para a internacionalização. Depois de muitas abordagens à investigação da internacionalização das PME, nenhuma teoria única de internacionalização foi considerada universal. Existem muitos critérios de classificação dos modelos existentes e a atitude dos investigadores em relação à teoria da internacionalização das PME tem vindo a mudar ao longo da última década. Até à década de 1970, a internacionalização das empresas, enquanto tema de investigação, tem sido mais focada nas empresas transnacionais e nas grandes empresas e não nas PME. Este facto deveu-se a muitas barreiras comerciais que as PME não conseguiam ultrapassar, como o capital, o pessoal e as competências. A superação de barreiras ao comércio internacional por meio de acordos comerciais como: CE (Comunidade Europeia, NAFTA (Acordo de Comércio Livre da América do Norte), ASEAN (Nações do Sudeste Asiático) e ESM (Mercado Único Europeu), alteraram a visão dos gestores relativamente à internacionalização. À medida que a visão dos gestores mudou, o mesmo aconteceu com as PME. Estas voltaram-se para os mercados estrangeiros. A internacionalização das economias e a globalização também influenciaram a perceção do investigador sobre a internacionalização das pequenas empresas.

O modelo mais famoso de internacionalização e também o pioneiro é a proposta de investigação de Johanson e Vahlne datada de 1977 ou mais conhecida como a Escola de Internacionalização de Uppsala.

5.5.   Algumas teorias comuns de internacionalização

Várias teorias sobre o processo de internacionalização sugerem que certos tipos de PME se internacionalizam seguindo o "modelo de etapas", expressando um comportamento cauteloso e progressivo (modelo de Uppsala), enquanto outros tipos de PME são conhecidos como "born globals", em que se internacionalizam desde o início da sua criação ou fundação.

A teoria de internacionalização mais conhecida e mais popular é a da **escola de internacionalização de Uppsala** (mais tarde designada por modelo de Uppsala). Esta teoria afirma que uma empresa começa no seu mercado doméstico ou local e, gradualmente, vira-se para o mercado estrangeiro e começa a internacionalizar-se. A empresa desenvolve gradualmente os seus conhecimentos sobre o mercado estrangeiro, incluindo (cultura, língua, sistema político, nível de desenvolvimento industrial e todas

14

as outras informações necessárias) até se virar para o mercado estrangeiro.
O modelo de Uppsala é também designado por *modelo de internacionalização incremental*. A empresa passa gradualmente por fases, adquirindo conhecimentos específicos em cada uma delas. A primeira fase é a obtenção de conhecimentos sobre o mercado estrangeiro através da realização de negócios nesse mesmo mercado. Esta primeira fase é importante porque influencia diretamente a decisão de passar à fase seguinte. O primeiro contacto com o estrangeiro é normalmente iniciado por uma encomenda direta de um mercado estrangeiro. Quando as encomendas aumentam, a empresa satisfaz a procura através de um agente internacional. Se tudo correr bem, a direção da empresa passa à fase seguinte ou terceira fase, estabelecendo uma filial no estrangeiro. A fase final ou processo de internacionalização é a abertura de uma unidade de fabrico no país estrangeiro. (Paunovic e Prebazac, 2011)

Figura 2. Processo do modelo de Uppsala

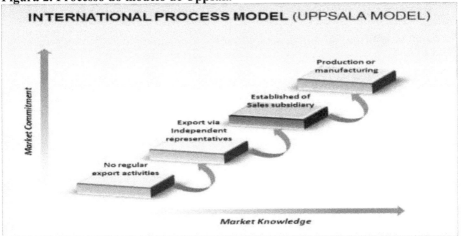

Fonte: Teorias da internacionalização, Internet

O modelo de internacionalização de Uppsala foi o resultado de uma investigação efectuada na Escandinávia por Johanson e Vahlne, em empresas industriais, em 1977, sob o título "Internationalization Process of the Firm". Apesar de este modelo ser frequentemente utilizado como modelo para todas as empresas que iniciaram a sua atividade no estrangeiro, e utilizado como comparação para muitos investigadores, também foi alvo de críticas. A razão para as suas críticas deveu-se e continua a dever-se ao facto de não dar uma explicação clara sobre a razão pela qual algumas pequenas e médias empresas começam a internacionalizar-se e outras permanecem no mercado nacional. Para além disso, também não é claro porque é que algumas empresas internacionais abrandam a sua expansão enquanto outras continuam a sua expansão em diferentes mercados.

Nas empresas actuais, este modelo, o modelo de Uppsala, não pode ser totalmente ligado ou não reflecte o mercado global de hoje e as razões pelas quais as PME se internacionalizam.

Existem outros modelos de internacionalização, dos quais os seguintes são os mais frequentemente mencionados nos estudos de investigação.

> Os modelos de **planeamento sistemático** encaram a internacionalização como um processo sistematicamente preciso e planeado que ocorre gradualmente (passo a passo) e que utiliza estudos de mercado analiticamente precisos para aumentar o desempenho internacional das empresas. (Paunovic e Prebezac, 2011)

> **O** modelo de **perspetiva acidental** implica que o processo de internacionalização depende da situação atual de uma empresa. O ambiente e a estrutura industrial de uma empresa determinam e fazem parte da estratégia de marketing da empresa. Quando estão reunidas as condições para ir para o estrangeiro, a empresa internacionaliza-se.

> **Modelo híbrido de internacionalização** - criado através da integração da aprendizagem experimental do modelo de Uppsala e do modelo de planeamento sistemático.

> **"Born globals"** - ou *International new ventures* (INV) - empresas globais em fase de arranque e exportadores instantâneos. O fenómeno das Born globals é mais comum hoje em dia, uma vez que a internacionalização é menos complicada, envolve menos riscos devido à existência de barreiras comerciais reduzidas e de transportes e comunicações mais baratos e mais rápidos. McDougall e Oviatt, em 1994, sugeriram que algumas PME são internacionais desde o início ou aquando da sua fundação e não seguem as fases sucessivas do modelo de Uppsala.

PRINCIPAIS FACTORES DE MOTIVAÇÃO DA INTERNACIONALIZAÇÃO

Porquê internacionalizar?

A globalização e as mudanças tecnológicas, políticas e económicas foram e continuam a ser os principais motores da crescente internacionalização das PME. As pequenas e médias empresas estão conscientes de que, para se manterem competitivas e não ficarem para trás no mercado, precisam de melhorar a sua posição. Uma forma segura de se tornarem competitivas é tornarem-se globais. Outra razão importante, bem como um motivo para as PME serem "orientadas para a exportação", é o facto de apresentarem um maior crescimento do volume de negócios e do emprego, e de terem um maior nível de inovação. (CE 2014, 61)

Apesar de as PME estarem conscientes dos benefícios que a internacionalização traz aos seus negócios e à sua existência em geral, ainda não há atividade suficiente para se tornarem globais. De acordo com as conclusões do Inquérito da CE 2009-2010, *Oportunidades de internacionalização das PME*, 25% das PME na UE têm estado activas na exportação, mas apenas 13% estão activas em mercados <u>fora da UE</u>. CE (Ibid, 61)

Isto mostra claramente que ainda há necessidade de apoiar o processo de internacionalização e de tornar o ambiente adequado à internacionalização das PME.

Figura 3. Diferentes modos de entrada e planos para iniciar a atividade de internacionalização

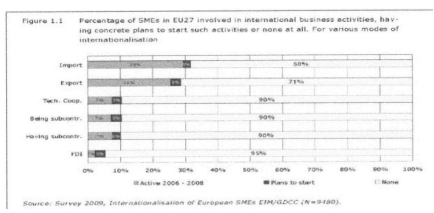

Fontes: CE (2014)

A internacionalização é um processo que pode ocorrer rapidamente e, muitas vezes, começa por fases. Quando acontece, é uma mudança importante para a empresa. No entanto, antes que o processo de internacionalização aconteça e o empresário decida mudar-se para um mercado estrangeiro, devem ser cumpridas determinadas condições prévias. As condições prévias que provavelmente determinam as mudanças são: a dimensão do mercado local, a posição no mercado e a flexibilidade da empresa, o desenvolvimento do sector, o conhecimento e as capacidades de gestão e similares. No entanto, tudo o que precede não é possível se a empresa não dispuser de uma boa estratégia de marketing.

Embora as empresas multinacionais (MNCs)[3] controlem maioritariamente o mercado através de produtos e serviços normalizados, existem ainda numerosos nichos de mercado altamente especializados para as PME tentarem entrar no mercado estrangeiro. (Svetli cic, M. et al, 37)

São muitos os motivos que levam a empresa a voltar-se para o mercado externo. Ao chegar aos mercados estrangeiros, a empresa obtém muitos benefícios e lucros. Dá acesso a mercados novos e maiores, promove o crescimento das empresas, melhora a competitividade e adquire conhecimentos e/ou tecnologia.

Eis alguns dos motivos mais comuns das PME que se tornaram globais, de acordo com o inquérito da UE *Observatório das PME* (2012).

De acordo com Paunovic e Prebezac, (2010) os motivos básicos para a internacionalização de uma empresa é ter um produto único e superioridade tecnológica, e ou, novas oportunidades no mercado externo ou vendas potencialmente melhores.

Para ir para o estrangeiro, é necessário que a empresa cumpra uma outra condição muito importante. A empresa deve possuir o chamado "fator empresarial". O fator empresarial é descrito como o desejo do gestor/diretor de uma empresa de expandir a sua atividade atual e de tentar crescer voltando-se para o mercado estrangeiro. Este cenário ocorre normalmente quando o crescimento de uma empresa já não é possível ou quando o mercado interno está saturado e o proprietário da empresa pretende reforçar as vendas da empresa fora do seu país. (Paunovic e Prebezac, 2010). Este motivo é conhecido como fator de pressão. Existe também um fator de atração quando uma empresa reconhece uma oportunidade no mercado estrangeiro ou quando existe uma procura de um produto da empresa num mercado estrangeiro. (Daszkiewics, N. &

---

[3] As sociedades multinacionais (MNC) ou empresas multinacionais (MNE) são definidas como organizações que detêm a propriedade de produtos ou serviços em mais do que um país fora do seu país de origem.

K. Wach, 2012, 14).

Para que uma empresa se vire para o mercado externo também tem de haver "estímulos". Isto significa que algo ou alguém, de fora ou de dentro, deve iniciar o processo de internacionalização. A oportunidade de um determinado mercado estrangeiro tem uma forte influência na vontade das empresas de se internacionalizarem. De acordo com a explicação de Cavusgil, 1982, quando uma empresa recebe determinados estímulos internos ou externos e quando tanto as qualidades internas como os factores ambientais são favoráveis, estes serão os estímulos para a realização de negócios fora do mercado nacional.

Passar das velhas rotinas às novas rotinas para a internacionalização

As empresas que se internacionalizam têm de desaprender velhas rotinas e práticas antes de poderem aprender e estabelecer novas rotinas e práticas. A inércia organizacional é frequentemente uma função da idade da empresa. Quanto mais antiga for uma empresa, mais estabelecidas estão as rotinas e práticas e mais elevado é o nível de inércia organizacional. Por conseguinte, é importante que as PME se internacionalizem assim que estiverem prontas, em vez de esperarem um período de tempo desnecessariamente mais longo. As PME enfrentam um limiar mais baixo de inércia organizacional e podem afastar-se mais facilmente das práticas existentes e aprender mais rapidamente nos mercados internacionais.

Quadro 4. Motivos para a internacionalização das PME

Estímulos ou motivos	Vantagens para a empresa
Acesso a um mercado mais vasto, novos conhecimentos e tecnologias, inovações, Introdução de um novo produto ou serviço	Crescimento da empresa, competitividade, flexibilidade, novas competências de gestão e do pessoal Acesso a uma nova cultura e língua

Fonte: Estudo próprio

MODOS DE ENTRADA NO MERCADO EXTERNO

Como aprendemos, existem muitos motivos por detrás da internacionalização das PME. O motivo mais frequente é o acesso a mercados novos e maiores para alcançar o crescimento. Como afirmam McDougall e Oviatt (1966), o objetivo mais comum da expansão internacional é o crescimento da empresa e a melhoria da sua rentabilidade. Para se manterem competitivas, as empresas vão para o estrangeiro para terem acesso a know-how e tecnologia. As empresas empreendem diferentes processos de internacionalização para atingir diferentes objectivos estratégicos.

Antes de o empresário considerar a possibilidade de ir para o estrangeiro, é necessário e importante que tome três decisões básicas de entrada;

> **Que mercado?**

> **Quando ir para o estrangeiro?**

> **A escala,** a empresa pode entrar em grande ou pequena escala, dependendo do envolvimento do compromisso que a empresa está disposta a ter.

A escolha do modo de entrada num mercado estrangeiro é uma questão complexa. A escolha dos modos de internacionalização depende muito de factores internos e externos. Decidir qual o modo de internacionalização a implementar depende do seguinte: o âmbito do compromisso de capital, o compromisso de gestão, o âmbito do controlo e do risco, os lucros potenciais e os custos de entrada. (Daszkiewicz & Wach, 2012, 57)

Além disso, os modos de entrada diferem quanto ao grau de risco que apresentam, ao grau de controlo e de compromisso dos recursos necessários e ao retorno do investimento prometido. (Wikipédia, 2014)

Existem dois tipos de modos de entrada: os modos de participação no capital e os modos de não participação no capital. Os modos não patrimoniais incluem a exportação e os acordos contratuais, enquanto os modos patrimoniais incluem as empresas comuns e as filiais a 100 %.

Figura 5. Modos de entrada na internacionalização

Fonte: Estudo próprio

8.1.   Modos de entrada de exportação e importação

O sinónimo de modos de exportação e importação de uma empresa para os mercados estrangeiros é também referido como internacionalização das vendas. Estas actividades estão associadas a um risco reduzido. Este é o modo de internacionalização mais frequente efectuado pelas PME. Este modo de entrada, exportação ou importação, começa normalmente quando uma empresa atinge todas as suas capacidades no mercado local ou doméstico e alcançou um volume de produção adequado. Durante esta fase, a empresa pode expandir o seu mercado e começar a exportar (motivos de pressão), ou a empresa pode ser motivada a entrar no mercado estrangeiro para obter lucros (motivos de atração). A exportação pode ser direta ou indireta.

8.1.1   Exportação indireta

Uma exportação indireta é caracterizada pela exportação através de intermediários de exportação de base nacional. Nas exportações indirectas, a empresa ou o exportador tem pouco ou nenhum controlo sobre os seus produtos no mercado externo. A exportação indireta pode ser feita por empresas de comércio de exportação (ETC) ou empresas de gestão de exportações (EMC), por comerciantes de exportação, ou casas de confirmação e agentes de compras não conformes. Nos quadros abaixo, mostramos quais são as vantagens e desvantagens entre as exportações directas e indirectas.

Quadro 1. Vantagens e desvantagens da exportação INDIRETA

Vantagens	Desvantagens
Acesso rápido ao mercado, Baixo risco, Baixo custo de entrada, Pouca necessidade de pessoal, Sem custos de marketing, A equipa de gestão está sob menos pressão, uma vez que a equipa de exportação é subcontratada, não havendo uma gestão direta do processo de exportação	Dependência do intermediário nacional, pouco conhecimento sobre o mercado estrangeiro, pouco controlo sobre a distribuição, as vendas, o marketing, possibilidade de fazer escolhas erradas de distribuidores, o intermediário pode encontrar um fornecedor melhor ou iniciar uma produção no país

Fonte: Estudo próprio

8.1.2   Exportação

A exportação direta caracteriza-se principalmente pela ausência de intermediários. A exportação direta é o modo mais básico de entrada no mercado de uma empresa que tira partido das economias de escala da produção concentrada no país de origem e que permite um melhor controlo da distribuição. A exportação direta pode ser efectuada por representantes de vendas ou distribuidores importadores.

A exportação é considerada uma forma fácil e rápida de entrar nos mercados estrangeiros devido ao seu baixo nível de compromisso e risco. Quando uma empresa decide exportar, não precisa de assumir compromissos substanciais em termos de recursos para um mercado estrangeiro, como acontece quando faz investimentos no estrangeiro. Ao exportar, as PME não têm de lidar com as complexidades do estabelecimento de uma filial no estrangeiro. A exportação permite às PME um acesso mais rápido a um mercado estrangeiro, uma vez que utilizam as instalações de produção existentes para servir o seu mercado estrangeiro, em vez de construírem uma nova instalação no novo mercado estrangeiro. (Lu, W. Jane., 2002) p. 87

A exportação direta pode ser feita através de um agente ou distribuidor estrangeiro. As vantagens deste tipo de modo de entrada são o baixo custo de entrada, o risco financeiro reduzido ou moderado, o facto de os agentes estarem presentes para ultrapassar as dificuldades de entrada no mercado estrangeiro, os baixos requisitos em termos de pessoal e os custos de marketing. As desvantagens de entrar no mercado estrangeiro através de um agente ou distribuidor são a elevada dependência de um agente estrangeiro, os custos elevados do escritório de representação e dos custos de transporte, os potenciais obstáculos ao comércio, a incapacidade de adquirir experiência e conhecimentos internacionais.

Table 2. Vantagens e desvantagens da exportação DIRECT

Vantagens	Desvantagens
A empresa tem controlo sobre o mercado selecionado, bem como uma escolha de empresas estrangeiras representativas,	Os custos de arranque são elevados, Risco mais elevado,
É capaz de obter um bom retorno de informação que o ajuda a desenvolver e manter uma boa relação com os compradores,	Requer um maior investimento de tempo, recursos e pessoal, bem como uma mudança na própria empresa (mudança organizacional),
Proteção de marcas registadas, patentes, goodwill e outros bens intangíveis,	Necessita de mais informações,
Vendas e lucros potencialmente maiores	Necessidade de mais tempo para entrar no mercado, ao contrário da exportação indireta.

Fontes: Estudo próprio

2.1.3   Contactos com parceiros estrangeiros

Outra forma de internacionalização das PME é através da implementação de relações de cooperação, estabelecendo contactos com parceiros estrangeiros. Pode tratar-se de licenciamento, franchising, subcontratação e formas mais sofisticadas de cooperação, como a exploração conjunta com um parceiro estrangeiro.

Num nível mais elevado de internacionalização, uma empresa pode abrir uma sucursal ou uma filial no estrangeiro (empresa comum, filiais detidas a 100%). Os investimentos em sucursais e filiais proporcionam custos de produção mais baixos e uma presença direta nos mercados estrangeiros[4].

2.1.4   Aliança estratégica

Uma aliança estratégica é uma série de relações diferentes entre empresas que operam

---

[4] As filiais estrangeiras podem ser constituídas de duas formas: através da aquisição de uma empresa local, conhecida como investimentos Brownfield, ou através de um investimento realizado desde o início (investimentos Greenfield).

a nível internacional. Trata-se de um acordo não baseado em acções em que as empresas permanecem independentes e separadas. O elemento básico do termo aliança é que cada empresa incluída na parceria permanece independente para além do acordo de parceria.

As principais vantagens das alianças são a redução do risco, a redução do tempo de inovação de um produto, o acesso mais fácil e mais rápido ao mercado, especialmente para as empresas com pouca ou nenhuma experiência, o acesso à tecnologia, a racionalização da produção (se duas empresas produzirem produtos semelhantes, ao combinarem as suas actividades de produtividade, conseguem reduzir os custos por unidade, o que pode resultar numa produção em massa), a cooperação. As alianças estratégicas podem assumir diferentes formas, como a concessão de licenças, o franchising e as empresas comuns.

Os exemplos mais frequentes são a partilha do fabrico, acordos de investigação e desenvolvimento (I&D), alianças de distribuição e acordos de comercialização.

As alianças são diferentes formas de parceria, tais como licenças, cooperação e investimentos mútuos (Djordjevic & Djordjevic, Milisaveljvic, 1992, 42)

8.1.5   Licenciamento

O licenciamento é definido quando uma organização cobra uma taxa pela utilização da sua tecnologia, marca e/ou experiência. Caracteriza-se pela venda de direitos que são cobertos por uma patente ou desenho (propriedade intelectual) para serem utilizados para fins comerciais.

Ao decidir internacionalizar-se através da concessão de licenças, a empresa tem custos de entrada relativamente baixos, bem como riscos financeiros. Desde o início, a empresa tem uma forte presença no mercado estrangeiro através da marca comercial e do logótipo, e as vantagens são o conhecimento das condições locais pelo licenciado. O licenciamento é uma boa forma de internacionalização para as pequenas empresas com pouco capital e sem experiência, e sem outra forma de se internacionalizarem. O utilizador da licença recebe acesso aos recursos dos parceiros estrangeiros (nome, experiência, processo tecnológico, patente, segredos comerciais, etc.) com pouco investimento. Simultaneamente, o fornecedor da licença tem acesso a outro mercado estrangeiro. O maior receio é a perda de controlo sobre as tecnologias e o saber-fazer, a ameaça de deslealdade do licenciado, a falta de controlo sobre a manutenção da qualidade no mercado estrangeiro, bem como os rendimentos relativamente baixos neste tipo de modo de entrada.

8.1.6   Franchising

O franchising é um pacote mais complexo do que o licenciamento. O franchising é quando uma organização, o franchisador, fornece ao franchisado a marca, os conceitos, a experiência, em suma, a maioria das facetas necessárias para operar num mercado estrangeiro. A gestão tende a ser controlada pelo franchisador (bons exemplos são Coffee Republic, McDonalds's Restaurants, etc.). As vantagens do franchising são, sem dúvida, a possibilidade de uma rápida expansão no estrangeiro, quer para mercados próximos ou simples, quer para mercados grandes/distantes. As desvantagens são as dificuldades em manter padrões e qualidade uniformes, partilhar os lucros obtidos e possíveis conflitos entre os parceiros, bem como a possível deslealdade do franchisado.

8.1.7   Empresa comum

Filial de uma empresa comum (JV) - é geralmente baseada em acções, sendo criada uma nova empresa em que as partes detêm uma parte da nova atividade. Trata-se da criação de uma filial estrangeira controlada conjuntamente pela empresa-mãe e por um parceiro estrangeiro. As razões pelas quais as empresas criam empresas comuns são principalmente para as ajudar a entrar num novo mercado internacional. As empresas podem querer aceder a tecnologia, competências essenciais ou capacidades de gestão, entrar em mercados estrangeiros, aceder a canais de distribuição (o fabrico e a I&D são as formas mais comuns de empresas comuns). Uma das principais razões para a criação de empresas comuns é a necessidade de envolver recursos humanos com os conhecimentos adequados necessários para uma internacionalização bem sucedida. Os custos e riscos elevados, a possibilidade de conflitos e os procedimentos de registo são algumas das desvantagens. De acordo com o Eurobarameter EC (2007), uma das principais razões para as PMEs da UE investirem em filiais estrangeiras ou joint ventures é predominantemente geográfica. Desta forma, estão próximas do cliente final ou do principal parceiro comercial. Outra razão para se envolverem em parcerias comerciais estrangeiras é a redução dos custos laborais, um dos muitos constrangimentos que as PME da UE enfrentam. (Ibid, 21). Impostos reduzidos, menos burocracia e menos encargos administrativos são também algumas das razões para esses investimentos estrangeiros.

8.1.8   Contratos "chave na mão

Contratos chave-na-mão - estratégias para construir grandes fábricas, que incluem frequentemente a formação e o desenvolvimento dos principais trabalhadores quando as competências são escassas. As vantagens deste modo de entrada são a obtenção de lucros mais elevados, a possibilidade de uma presença permanente no mercado estrangeiro após a conclusão do investimento e a capacidade de obter rendimentos das tecnologias. Os acordos "chave na mão" têm custos elevados, riscos financeiros e são frequentemente difíceis de aplicar.

8.1.9 IDE

Investimento direto estrangeiro (IDE) - é um modo de entrada quando uma empresa quer possuir uma fábrica, maquinaria e mão de obra no estrangeiro. Desta forma, o negócio torna-se localizado, o que significa que a empresa fabrica para clientes no mercado em que está a operar. Com o IDE, a empresa adquire conhecimentos sobre o mercado local, é capaz de adaptar os produtos e serviços às necessidades dos consumidores locais, mas envolve sempre riscos associados ao mercado local.

O IDE pode ser outra opção de estratégia de crescimento. Vários entraves pautais e não pautais impostos pelos governos dos países de acolhimento podem influenciar os benefícios líquidos obtidos com a estratégia de exportação. Ao estabelecer filiais em mercados estrangeiros e ao internalizar mercados para a troca de activos próprios, o IDE permite às empresas minimizar os riscos relacionados com as transacções. Além disso, o IDE em locais diversificados pode contribuir para o desenvolvimento de novos conhecimentos e capacidades, proporcionando acesso a várias vantagens baseadas na localização.

OBSTÁCULOS À INTERNACIONALIZAÇÃO

Aprendemos quais são os motivos mais comuns para a internacionalização e quais são os diferentes modos de entrada no mercado estrangeiro, no entanto, ainda existem muitos obstáculos que atrasam ou mesmo impedem a internacionalização das PME. A importância de conhecer e, ao mesmo tempo, compreender os obstáculos tornará o processo de internacionalização muito mais convidativo e promissor para outras futuras PME que estejam dispostas a voltar-se para um novo mercado maior.

Foram realizados muitos inquéritos de investigação para descobrir quais são as barreiras mais comuns à internacionalização de uma empresa. Se os identificarmos e compreendermos o contexto da sua existência, poderemos tornar o caminho para a internacionalização muito mais fácil e acessível. Alguns problemas são característicos de todas as PMEs e outros são um produto das constantes mudanças nos negócios, na política e na economia. Os programas e serviços de apoio à internacionalização das PME são importantes, uma vez que desempenham um papel fundamental para ajudar as PME a adaptarem-se às constantes mudanças na economia global.

Muitas PMEs passaram pela experiência de ter obstáculos no seu caminho para a internacionalização, de uma forma ou de outra. De acordo com Paunovic e Prebezac (2010), um dos principais obstáculos à internacionalização das PME é a **falta de conhecimentos especializados** relacionados com as competências empresariais, de gestão ou de marketing.Em segundo lugar na lista de barreiras à internacionalização está a **burocracia complicada**. Outros obstáculos são a dificuldade em **obter recursos financeiros ou fundos**, o pouco ou **insuficiente acesso a informações e conhecimentos** sobre o novo mercado, **as diferenças linguísticas e culturais** com que se deparam, a **falta de incentivos governamentais** à internacionalização, etc. (Ver quadro 1)De acordo com as conclusões do inquérito do Observatório Europeu das PME europeias 2006/7, um dos principais obstáculos à expansão internacional é a **falta de conhecimento do mercado**. (Figueira-de-Lemos, F., et al, 2010). Mas mesmo quando os gestores/directores obtêm os conhecimentos necessários para operar num mercado estrangeiro, muitos deles enfrentam outro desafio, que é a **melhor forma de utilizar os conhecimentos** que adquiriram num mundo em rápida mudança. Normalmente, o tempo é crucial quando se trata de tomar decisões. E o tempo que demora a aprender e a tomar uma decisão é pouco. Normalmente, isto significa que os gestores têm de tomar decisões rápidas com base no conhecimento que é possível obter num contexto de enorme falta de conhecimento (Ibid, 143). É por isso que se diz que a internacionalização é um processo resultante do ajustamento às mudanças numa empresa e no seu ambiente.

Além disso, é importante mencionar e saber que, de acordo com o inquérito do Observatório das PME da UE de 2006/7, as restrições menos importantes que as PME enfrentaram foram as **diferentes regulamentações** existentes e **a falta de recursos de gestão**. Infelizmente, podemos dizer que estes dois constrangimentos mencionados, diferentes regulamentações e recursos de gestão, ainda estão muito presentes e são colocados na lista de obstáculos para as PME. (Eurobarómetro CE, 2007)

Table 3. Barreiras à internacionalização das PME

Table 1: Barriers to internationalization of small and medium-sized enterprises	
BARRIERS TO INTERNATIONALIZATION	**MOST IMPORTANT**
1. Lack of entrepreneurial, managerial and marketing skills	↓
2. Bureaucracy	
3. Flawed approach to information and knowledge	↓
4. Difficulties in obtaining financial resources / Lack of funds	
5. Poor accessibility to investment (technology equipment and know-how)	↓
6. Standardization discrepancies, lack of awareness of the importance of quality	
7. Differences in the range of product and service use	↓
8. Language barriers and cultural differences	
9. Risks of selling abroad	↓
10. Competition of indigenous companies	
11. Inappropriate behavior of multinational companies against domestic companies	↓
12. Complicated trade documentation, including packaging and labeling	
13. Lack of government incentives for internationalization	**LEAST IMPORTANT**
14. Inadequate intellectual property protection	
Source: Szabo, A. **Internationalization of SMEs**, UNECE, 2002, pp. 6	

Fonte: UNECE, 2002

Um inquérito efectuado pelo Banco Mundial em 2001 deu-nos uma panorâmica do nível médio de obstáculos para empresas de diferentes dimensões e chegou à seguinte conclusão. Independentemente da dimensão, do país ou da região, os principais obstáculos à atividade empresarial são os **fundos, a regulamentação e os impostos, a instabilidade política, a inflação, a taxa de câmbio, a corrupção, a criminalidade de rua e a criminalidade organizada.** (Schiffer, M. & B. Weder, 2001)

As recomendações da Câmara de Comércio da Sérvia sobre a nova política económica para o período 2012-2016 apontaram os obstáculos que as PME enfrentam na Sérvia. Estes são os principais obstáculos que, se forem eliminados, podem trazer e contribuir para tornar as PME mais competitivas. 27

um clima empresarial prometedor ou a criação de um bom espaço ambiental para os empresários.

Criar um ambiente empresarial que seja inspirador para as PME significa, em primeiro lugar, reduzir os custos das empresas onde os investimentos estrangeiros são atractivos e sustentáveis. De acordo com a Câmara de Comércio da Sérvia, um dos principais obstáculos é a existência de demasiados regulamentos, ou a chamada "hiperprodução" de regulamentos. Neste cenário, os empresários têm pouco ou, em muitos casos, nenhum tempo para se envolverem no processo de criação e, numa fase posterior, na sua implementação. (SCC, 2012)

Os regulamentos são frequentemente, de acordo com o relatório, complicados, incompatíveis com o atual ambiente empresarial, a linguagem é muitas vezes escrita numa linguagem "difícil de compreender", devido ao facto de os regulamentos serem retirados, palavra a palavra, do acervo jurídico da UE, sem se compreender verdadeiramente o seu significado e mecanismo de utilização. (Ibid, 2012)

Para que os regulamentos ajudem e protejam os empresários, devem ser utilizados e adaptados de forma a que se ajustem ao desenvolvimento económico atual e à capacidade da administração. (Nova ekonomska politika, p. 5)

As PME não têm capacidade para acompanhar todas as alterações à regulamentação. Com recursos financeiros escassos, as PME não podem contratar peritos ou serviços de consultoria fora da sua empresa, que as ajudariam a lidar com os regulamentos da Web. Muitas vezes, as pequenas empresas só tomam conhecimento dos novos regulamentos pela primeira vez quando recebem uma coima. (Ibid, 7)

Quadro 4. Principais oportunidades e obstáculos à internacionalização das PME

Oportunidades	Barreiras
> **Não existem** barreiras à hierarquia > Flexibilidade no processo de tomada de decisões > A parceria é mais rápida e fácil	> conhecimento do mercado, > competências de gestão e/ou empresariais, > incapacidade de utilizar os conhecimentos adquiridos, > pouco tempo para aprender e tomar decisões, tomando decisões rápidas e incertas > recursos financeiros, fundos > diferenças linguísticas e culturais > iniciativas governamentais para internacionalização

Fonte: Próprio

No nosso questionário, uma das perguntas (ver Anexo 1) que colocámos ao nosso grupo de casos de estudo foi

> **Quais foram os obstáculos mais comuns no seu processo de internacionalização?**

Os resultados foram os seguintes;

Não é de surpreender que os resultados sejam muito semelhantes aos das PME da UE. O obstáculo mais comum no seu processo de internacionalização é, sem dúvida, os recursos financeiros limitados e o conhecimento insuficiente do mercado estrangeiro, com uma percentagem de 28% cada. O terceiro obstáculo apontado pelo nosso grupo de estudo foi a dificuldade em ultrapassar os problemas em termos de regulamentos administrativos (burocracia) nos países estrangeiros. Curiosamente, as competências de gestão ou de empreendedorismo não figuram entre os três principais obstáculos ao processo de internacionalização. (Ver gráfico abaixo)

Gráfico 1. Obstáculos mais frequentemente encontrados no processo de internacionalização

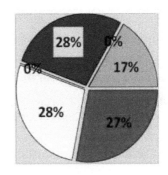

Fonte: Inquérito próprio - questionário PME

Independentemente da percentagem e da dificuldade que tenha na escala, é importante que todos os obstáculos acima enumerados sejam levados a sério e sejam reconhecidos aquando da criação de medidas de apoio às PME que têm negócios fora do mercado local. Isto é importante para garantir que qualquer empresa que pretenda internacionalizar o seu negócio ultrapasse estas barreiras desde o início. Isto tornará o seu processo de internacionalização muito mais fácil e, ao mesmo tempo, mais atrativo. Além disso, as PME devem estar preparadas com antecedência, sabendo quais os obstáculos que podem encontrar aquando da internacionalização.

MELHORES PRÁTICAS DA UE
10.1.   Serviços de apoio disponíveis

Tendo compreendido a importância da internacionalização, não só para a empresa, mas também para a economia do país e para a melhoria geral do nível de vida dos seus cidadãos, foram implementadas várias medidas de apoio para estimular a internacionalização das PME nos Estados-Membros da UE.

A importância da internacionalização das PME é expressa de forma muito descritiva no relatório da CE (2014)

•   "em 2013, em toda a UE28, cerca de 21,6 milhões de PME do sector empresarial não financeiro empregavam 88,8 milhões de pessoas e geraram 3,666 biliões de euros de valor acrescentado. Ou, para simplificar, 99 em cada 100 empresas são PME, tal como 2 em cada 3 trabalhadores e 58 cêntimos em cada euro de valor acrescentado" CE (2014, 6)

No relatório final da CE (2011) sobre *Oportunidades para a internacionalização das PME*, foi identificado um total de 310 medidas de apoio. As medidas de apoio que estavam mais presentes eram nas seguintes áreas:

•   **Subvenções e subsídios** para várias actividades destinadas a ajudar as PME a entrar em novos mercados;

•   **Informações** sobre internacionalização sobre **oportunidades de mercado** e **regulamentação**;

•   Informações sobre **missões comerciais, feiras comerciais e eventos** como o matchmaking;

•   **Aconselhamento** e **consultoria**. (Ibid, 31)

Um problema que continua presente na UE é o facto de muito poucas PME estarem a fazer negócios fora do mercado europeu. Como espinha dorsal da economia europeia e como "veículo para restaurar o crescimento na UE", a UE apercebeu-se da necessidade de apoiar as PME no processo de internacionalização e de fornecer serviços de apoio é uma prioridade com foco na realização de negócios internacionais com mercados de países terceiros. (ECSIP, 2013).

É da maior importância que as PME sejam ajudadas a receber as informações necessárias sobre como expandir os seus negócios fora da UE, melhorar a coerência das actividades e preencher as lacunas nos serviços existentes. (Ibid, 11) A promoção da internacionalização das PME e a ajuda à sua internacionalização é definida como uma das sete iniciativas emblemáticas da estratégia Europa 2020.

Curiosamente, quando se perguntou à comunidade empresarial da UE "que tipo de apoio" reconhecem como o mais valioso, a resposta foi muito elevada: marketing e promoção, e apoio a programas sectoriais. Relativamente à eficácia, foram atribuídas pontuações elevadas à formação de gestores e de pessoal. (CE, 35)

O relatório do ECSIP, *Study on Support Services for SMEs in International Business*, efectuou um estudo para a Comissão Europeia sobre os serviços de apoio disponíveis fornecidos aos membros da UE e a países terceiros. É interessante analisar quais os serviços de apoio prestados no contexto UE - Sérvia. O estudo foi efectuado tendo em conta o âmbito e a disponibilidade dos serviços de apoio às PME da UE em 25 países fora da Europa, incluindo a Sérvia.

O Small Business Act de 2008 exige que as PME sejam apoiadas na realização de negócios em mercados de países terceiros. O princípio de internacionalização do SBA espera que a "UE e os Estados-Membros apoiem e incentivem as PME a beneficiar do crescimento do mercado fora da UE, em particular através de apoio específico ao mercado e de actividades de formação empresarial".

De acordo com o relatório ECSIP (2013), foram identificadas 25 organizações e serviços de apoio. (Ibid, 31)

Serviços de apoio às PME da UE, os programas gerais são o *portal de negócios "A sua Europa"* e a *Enterprise Europe Network (EEN)*. A EEN tem uma vasta rede de pontos de contacto nos países terceiros para ajudar as PME da UE a expandir-se para esses mercados.

O Portal da Empresa "A Sua Europa" e o Portal Europeu das Pequenas Empresas contêm informações valiosas para as PME da UE sobre os serviços de apoio disponíveis na UE, mas não prestam apoio direto às PME que se deslocam ao estrangeiro.

Outra organização de apoio é a EUREKA[5] , que gere o programa Eurostar, que oferece apoio financeiro às PME da UE que se dedicam à investigação internacional. O principal objetivo do Eurostar é estimular as PME a liderar projectos internacionais de investigação e inovação em colaboração, oferecendo um acesso mais fácil a medidas de financiamento e apoio. Ao centrar-se nas necessidades das PME, ajudando-as a desenvolver novos produtos, processos e serviços, proporciona-lhes acesso aos mercados internacionais. (EUREKA, 2014)

As empresas que pretendem fazer negócios no estrangeiro, que pretendem estabelecer novas e duradouras relações comerciais e que pretendem partilhar a sua experiência devem visitar a B2fair[6] . Esta poderosa medida de apoio ajuda-as a formar novas

---

[5] http://www.eurekanetwork.org/
[6] www.b2fair.com

parcerias em mercados estrangeiros em todo o mundo. A ideologia deste sítio Web é a de responder à tendência da globalização e da concorrência. Através do matchmaking, prestam assistência às empresas na exploração de novas oportunidades de negócio. É de fácil utilização, uma empresa só precisa de fazer um registo online dando o seu portfólio que é automaticamente acessível a outras empresas registadas na b2fair.

Ambiente empresarial

Para as PME, é muito importante dispor de um ambiente empresarial sólido, no qual os empresários sejam incentivados a criar a sua própria empresa, a criar uma plataforma onde as PME sejam bem-vindas e ajudadas de várias formas, incluindo a internacionalização da sua atividade.

Devido à má experiência de anteriores empresários que iniciaram a sua própria empresa e a obstáculos como a incapacidade de financiamento ou de devolução de empréstimos de crédito, ou a falta de informação sobre potenciais parceiros ou instituições financeiras, tiveram de encerrar as suas actividades muito rapidamente e decidiram não iniciar a sua própria empresa desde o início antes de se internacionalizarem.

Nos 27 Estados-Membros da UE, o tipo de serviço prestado pelas organizações públicas e privadas consiste principalmente na realização de seminários e workshops (355) ou 12%; cooperação empresarial e criação de redes 338 (11%); aconselhamento e consultoria 370 (12%), informação sobre regras e regulamentos 286 (9%); missões comerciais, feiras comerciais e eventos de matchmaking 280 (9%); identificação e organização de reuniões com potenciais clientes 264 (9%); o serviço mais baixo prestado é o de seguros 69 (2%) no sector público. As organizações privadas concentram-se sobretudo na prestação de serviços de aconselhamento e consultoria 51 (14%). Para além da prestação de informações sobre oportunidades de mercado, cooperação empresarial e criação de redes, identificação e organização de reuniões com potenciais clientes, seminários, workshops e formação de pessoal. (ECSIP, 70)

Registaram-se progressos na UE na criação de um ambiente empresarial favorável às PME. Os Estados-Membros melhoraram substancialmente o ambiente empresarial para as PME, especialmente a partir das melhores práticas trocadas no contexto da *Carta Europeia das Pequenas Empresas* aprovada em Santa Maria da Feira em 2000, implementando as conclusões do Conselho Europeu da primavera de 2006, ou seja, balcões únicos para o registo de empresas que reduzem o tempo e os custos necessários para criar uma empresa. (Ibid, 2)

Em março de 2008, o Conselho Europeu manifestou um forte apoio a uma iniciativa para reforçar as PME conhecida como "Small Business Act" - SBA.

"É necessário criar um clima na sociedade em que os empresários sejam reconhecidos, em que os indivíduos considerem atraente a opção de criar a sua própria empresa e compreendam que as PME contribuem substancialmente para o crescimento do emprego e para a prosperidade económica". (CE, 2006)

A "Lei das Pequenas Empresas" tem por objetivo melhorar a abordagem política global do espírito empresarial, a fim de ancorar o princípio "Pensar primeiro em pequena escala" na elaboração de políticas, desde a regulamentação até ao serviço público, e promover o crescimento das PME, ajudando-as a ultrapassar os problemas que atrasam o seu desenvolvimento. (Ibid, 3)

O Small Business Act é um vasto conjunto de medidas a favor das empresas, concebido para facilitar a vida das PME. (SBA, 2011). Consiste em quatro propostas legislativas; os estados-membros assinaram um conjunto de 10 princípios favoráveis às PME que devem ser utilizados para orientar a conceção e a implementação de políticas, tanto a nível da UE como a nível nacional, com o objetivo de permitir que as PME libertem todo o seu potencial. (Ibid, 2011) O principal plano é "Pensar primeiro nas pequenas empresas", colocando as PME na vanguarda da elaboração de políticas para garantir que as novas regulamentações não sobrecarregam ainda mais as suas empresas. O SBA ajudou a disponibilizar milhares de milhões de euros em novos financiamentos às PME, ajudou as PME a ganhar contratos públicos e a aceder ao financiamento da investigação da UE. Também ajuda as pessoas a criar o seu próprio negócio e a sua empresa de forma mais fácil.

A SBA tem ajudado as PME de muitas formas, como a distinção entre micro, pequenas, médias e grandes empresas, garantindo que qualquer encargo para as empresas é proporcional. Apoios como a redução das taxas, a simplificação da faturação do IVA, a redução dos encargos administrativos, a redução da burocracia ou dos encargos administrativos (gasta-se demasiado tempo em papelada em vez de se fazer negócios), etc.

One-Stop Shop - é um serviço que ajuda os empresários a transformar as suas ideias em negócios. O objetivo da CE é reduzir o prazo máximo de um mês para a concessão de licenças e autorizações para o arranque de uma empresa ou negócio. Um bom exemplo é a Eslovénia, com um balcão único eletrónico que permite aos empresários registar uma empresa em três dias ou menos, poupando 10,2 milhões de euros por ano às PME eslovenas. (SBA, 2011) Em 22 países existe um "ponto de contacto único" que ajuda as empresas que pretendem serviços transfronteiriços. A Comissão Europeia está a ajudar os Estados-Membros a criar portais de administração em linha completos e de fácil utilização, com o objetivo de reduzir o tempo gasto em procedimentos administrativos.

Outro grande desafio que as PME enfrentam é, sem dúvida, a **falta de um** tipo de **financiamento adequado.** A Comissão Europeia reconheceu este facto e criou um Fórum de Financiamento das PME que reúne organizações representativas das PME, bancos e outras instituições financeiras, a fim de abordar questões relacionadas com o acesso das PME ao financiamento. Facilitar o acesso aos empréstimos através do apoio aos intermediários financeiros (bancos, sociedades de locação financeira, fundos de garantia, instituições de garantia mútua, bancos de fomento e outros) nos Estados-Membros fornecerá garantias de empréstimo, reduzindo o risco das PME e fornecendo-lhes crédito.

O mecanismo de garantia para as pequenas empresas insere-se no âmbito do Programa-Quadro para a Competitividade e a Inovação (PCI), gerido pelo Fundo Europeu de Investimento (FEI). Oferece empréstimos até 25 000 euros, para a criação de novas empresas e oportunidades para pessoas que não podem começar de outra forma.

A **Enterprise Europe Networks** [7] ajuda as PME a internacionalizarem-se. Reúne 589 organizações de apoio às empresas em 47 países. A rede ajuda a organizar eventos de procura de parceiros, actuando também como um balcão único para aconselhamento especializado sobre várias questões. Recentemente, a Rede abriu 15 pontos de contacto na China e na Coreia do Sul, proporcionando às PME europeias um acesso mais fácil a estes novos mercados atractivos. (EEN, 2014)

Esta rede de fácil utilização contém uma base de dados com milhares de perfis de empresas que ajudam as PME a encontrar e conhecer potenciais parceiros comerciais. No momento em que uma pessoa se regista na rede, apresentando a sua oferta ou pedido, os dados são imediatamente introduzidos na base de dados. Em breve, a pessoa receberá actualizações sobre todas as empresas que estão interessadas no mesmo tipo de negócio cruzado.

No caso da Sérvia, um bom exemplo da Enterprise Europe Network é o facto de ter sete pontos de contacto na Sérvia, nomeadamente: o Instituto Mihajlo Pupin, a Agência Nacional para o Desenvolvimento Regional, a Universidade de Belgrado, a Universidade de Nis, a Universidade de Novi Sad, a Agência Sérvia de Promoção do Investimento e das Exportações e a Câmara de Comércio Sérvia.

---

[7] http://een.ec.europa.eu/

Uma das muitas vantagens da Enterprise Europe Network é a prestação de serviços às PME que pretendem internacionalizar-se ou, como lhe chamam, "internacionalizar-se".

O apoio é prestado através da organização de eventos de matchmaking em toda a Europa, onde as PME podem encontrar-se pessoalmente com potenciais parceiros comerciais e trocar ideias para o seu futuro negócio.

A Enterprise Europe Network está dividida em sectores, a fim de ajudar as PME a estabelecerem contacto com o sector da sua atividade. Um dos sectores é o do empreendedorismo feminino, identificado pela União Europeia como prioridade política no Small Business Act. Já foram lançadas várias actividades para incentivar as mulheres empresárias a criar a sua própria empresa. No momento da redação do presente inquérito, está a ser criado um grupo de mulheres empresárias pela Enterprise Europe Network e está a ser criado um portal de internacionalização das PME.

O **COSME** - Competitividade das Empresas e das Pequenas e Médias Empresas é um programa de apoio da UE, que decorre de 2014 até ao ano 2020, com um orçamento previsto de 2,3 mil milhões de euros. O apoio aos empresários é uma das principais prioridades e objectivos do COSME. O apoio aos empresários é uma das principais prioridades e objectivos do COSME, o que resultou num plano de ação - **Plano de Ação Empreendedorismo 2020** - que melhorou três iniciativas principais: Educação para o empreendedorismo, melhoria do ambiente empresarial para que os empresários cresçam e prosperem e modelos e divulgação para grupos específicos, como jovens, mulheres ou empresários seniores.

O apoio às PME é dado através de um melhor acesso ao financiamento, acesso aos mercados e apoio aos empresários e da criação de condições favoráveis à criação e ao crescimento das empresas. (CE, 2014) A Comissão Europeia e o Fundo Europeu de Investimento (FEI) assinaram um acordo com o objetivo de ajudar as PME, proporcionando-lhes oportunidades de financiamento no montante de 25 mil milhões de euros. No âmbito do COSME, será possível mobilizar até 25 mil milhões de euros através de efeitos de alavanca de intermediários financeiros no período dos próximos sete anos. Isto proporcionará financiamento de capital próprio e de dívida às PME. O FEI lançará um convite à manifestação de interesse às instituições financeiras elegíveis que se possam candidatar (bancos, instituições de garantia, fundos, etc.). Após o processo de diligência, será o FEI a selecionar os intermediários financeiros capazes de disponibilizar novos financiamentos às PME europeias de todos os sectores. (Sala de imprensa da CE, 2014)

O programa anterior, Programa para a Competitividade e a Inovação (PCI), previa que

90% dos beneficiários com 10 ou menos trabalhadores, com um empréstimo garantido médio de cerca de 65 000 euros, tinham dificuldades em obter um empréstimo. Este será provavelmente o mesmo caso com o COSME e devem preparar-se para tornar o programa mais ajustável a essa categoria de PME. Também uma parte do orçamento do COSME será investida em fundos de capital de risco para as PME que operam ou planeiam fazê-lo além-fronteiras. Cerca de 4 mil milhões de euros serão investidos em capital próprio para o crescimento e a expansão das PME.

Quadro 5. Resumo das principais medidas de apoio na UE

Medidas de apoio da UE	Que tipo de apoio
EUREKA - Programa Eurostars	Apoio financeiro às PME da UE que se dedicam à investigação internacional. Programa conjunto europeu dedicado a PME executantes de I&D
Enterprise Europe Networks - Balcão único	Ajudar as PME a internacionalizarem-se Base de dados sobre milhares de perfis de empresas que é
	dividido por sectores
COSME	**Plano de Ação Empreendedorismo 2020** Apoio aos empresários. Educação, ambiente empresarial, contacto com grupos específicos

Fonte: Próprio

MELHORES PRÁTICAS NA SÉRVIA
10.2.   Serviços de apoio disponíveis

De acordo com o relatório final da UE de 2013, a Sérvia continua a aplicar a *Lei das Pequenas Empresas* e participa em projectos no âmbito do Programa Europeu para o Empreendedorismo e a Inovação (PEI). O quadro jurídico para o acesso ao financiamento melhorou, tal como referido no relatório, através da criação de pequenos regimes de garantia de crédito e de arranque público pelo Fundo de Desenvolvimento. No entanto, é ainda necessário envidar mais esforços no que diz respeito às PME em matéria de registo de empresas, incubadoras de empresas e acesso mais fácil ao financiamento. (Relatório intercalar, p.36)

De acordo com o inquérito do ECSIP (2013), na Sérvia existe uma série de serviços de apoio ao processo de internacionalização. No total, existem 18 serviços de exportação, 6 serviços de importação, 17 serviços de cooperação técnica, 8 serviços de subcontratação, 6 serviços de subcontratação e 6 serviços de investimento direto estrangeiro (IDE). Vinte e quatro organizações fornecem todos os serviços acima mencionados para o processo de internacionalização das PME.

A partir do exposto, podemos concluir que existe uma gama relativamente ampla de serviços de apoio já presentes na Sérvia. No entanto, cabe às PME encontrá-los e utilizá-los de forma adequada no seu processo de internacionalização.

Os números de serviços por características de serviço estão divididos entre apoio financeiro e apoio não financeiro. O quadro 6 mostra o sector de serviços e o número de instituições e organizações prestadas na Sérvia.

Quadro 6. Serviços de apoio na Sérvia divididos em financeiros e não financeiros

SERVIÇOS DE APOIO NÃO FINANCEIRO	35 - cooperação empresarial e criação de redes 32 - aconselhamento e consultoria 30 - seminários, workshops 25 - formação do pessoal 24 - programas sectoriais 21 - missões comerciais, feiras comerciais e eventos de matchmaking 28 - informações sobre regras e regulamentos 27 - informações sobre as oportunidades de mercado 24 - identificar e organizar reuniões com potenciais clientes
APOIO FINANCEIRO SERVIÇOS	8 - regime de garantia de crédito 18 - subsídios, subvenções 7- incentivos fiscais 9 - outros créditos de juros baixos 2 - Serviços de seguros

Fonte: ECSIP, 2013 página 50

Quando questionados sobre a experiência geral das empresas sérvias, a maioria dos serviços oferece apoio tanto a empresas existentes como a novas empresas. No entanto, quando se analisa a experiência internacional das empresas, a maioria dos serviços de apoio destina-se tanto a empresas em fase de arranque como a empresas em fase de experiência. Na Sérvia, existem apenas 9 serviços de apoio que se destinam especificamente a fazer negócios no estrangeiro ou a iniciar a internacionalização. (ECSIP, 64)

O SIEPA, enquanto organização governamental, promove os bens e serviços sérvios nos mercados estrangeiros. Relativamente à internacionalização, o SIEPA mantém bases de dados de investimento e de exportadores, ajuda os exportadores sérvios a servirem os mercados internacionais e auxilia na promoção de produtos nacionais em feiras internacionais. (SIEPA, 2014)

Outro organismo de apoio importante é a Agência Sérvia de Crédito à Exportação e Seguros (AOFI) (www.aofi.rs), uma agência oficial de crédito à exportação da República da Sérvia, criada com o objetivo de promover as exportações e desenvolver as relações económicas externas. (AOFI, 2014)

A agência, juntamente com outras instituições, trabalha na melhoria das condições de funcionamento das empresas para a economia de exportação na Sérvia. A sua missão é promover a exportação das empresas sérvias através do financiamento e do seguro de projectos de exportação, tudo com o objetivo de melhorar a competitividade da economia nacional e alcançar novos mercados. (AOFI, 2014)

De acordo com os resultados do nosso inquérito, a maioria das PME sérvias respondeu positivamente quando lhes foi perguntado até que ponto estão informadas sobre os serviços de apoio em termos de programas ou projectos de apoio às PME.

Cinquenta e seis por cento (56%) responderam SIM à pergunta. Apenas um pequeno número respondeu que foi ligeiramente informado sobre as medidas de apoio à excisão e 20% responderam que não têm conhecimento das medidas de apoio disponíveis na Sérvia.

Outra questão importante que colocámos ao nosso grupo de estudo de caso foi se tinham recebido apoio diretamente do Estado ou do governo. A maioria, 67%, respondeu positivamente quando lhes foi perguntado se tinham recebido medidas de apoio do governo do governo e apenas 33% não receberam qualquer ajuda. (Ver gráfico abaixo)

Gráfico 2. Medidas de apoio recebidas pelo Governo

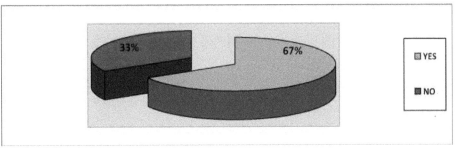

Fonte: Inquérito próprio

Aos que responderam positivamente, foi pedido que assinalassem o tipo de medidas de apoio que receberam do governo. Os resultados mostram que as medidas de apoio em termos de apoio financeiro, tais como subsídios e subvenções, estão sobretudo presentes. A medida de apoio seguinte foi a certificação de produtos, sistemas de controlo de qualidade e a organização da participação em várias feiras comerciais e eventos empresariais.

10.3. Outras formas de serviços de apoio na Sérvia

Um centro importante e de fácil acesso na Sérvia que fornece informações relacionadas com a atividade empresarial na UE é o **Centro de Informação da UE - (EIC)**[8] .

O pessoal do Centro de Informação da UE está bem informado sobre os problemas quotidianos que as PME na Sérvia enfrentam e está lá para dar informações, bem como para as motivar da melhor forma, utilizando as oportunidades que o mercado europeu oferece.

O EIC tem contactos com peritos de vários perfis e responde a todas as questões relacionadas com a atividade empresarial na UE. Em média, o EIC responde a cerca de 500 mil perguntas por ano, sendo que cada resposta é preparada separadamente e contém informações actualizadas. O EIC também prevê questões que possam surgir, pelo que disponibiliza várias publicações sobre negócios a curto e a longo prazo. A informação é geralmente fornecida através de um sítio Web, bem como o planeamento e a organização de seminários e reuniões sobre a economia atual na região. O EIC presta serviços de consultoria que abrangem um vasto leque de sectores, como os

---

[8] (http://www.euinfo.rs/en.html)

39

contratos públicos, as oportunidades de financiamento, a investigação de marketing, o sistema jurídico europeu, o estabelecimento de parcerias e outras informações úteis sobre a internacionalização. (EIC, 2014)

A Rede Europeia de Empresas (EEN) já está presente na Sérvia (www.een.rs). O sítio está disponível para todas as empresas e empresários sérvios que planeiam ou já estão a fazer negócios no mercado da UE. A rede fornece informações sobre vários eventos, seminários, feiras, encontros e afins. Os interessados devem tornar-se membros desta rede.

10.4.   . Projectos de apoio ao desenvolvimento das PME na Sérvia

A Sérvia recebeu muitos projectos de apoio da UE para o desenvolvimento de PME na Sérvia. A maioria dos projectos fornece medidas de apoio, tais como ajuda na organização de formações, seminários, estabelecimento de contactos com potenciais compradores, vendedores e outros parceiros comerciais, tudo com o objetivo de ajudar as PME a tornarem-se mais competitivas na arena empresarial global.

> **Apoio ao desenvolvimento das pequenas e médias empresas na Sérvia**

O projeto "Apoio ao desenvolvimento das pequenas e médias empresas na Sérvia", com data de início em julho de 2013, tem uma dotação de 3,5 milhões de euros para um programa de três anos. O projeto é facilitado pela UE e executado pelo Banco Europeu de Reconstrução e Desenvolvimento (BERD) através da sua equipa de apoio às pequenas empresas. O projeto, financiado pelo Governo dos Países Baixos, é conhecido como **Programa de Serviços de Consultoria Empresarial do BERD (BAS)**. O objetivo geral deste projeto é ligar mais de 240 (duzentas e quarenta) PME sérvias a consultores da UE de empresas europeias líderes.

O principal objetivo e plano é prestar aconselhamento aos empresários sérvios por peritos da UE, introduzindo-lhes novos conhecimentos e competências, introduzindo-os em normas de topo, tudo com o objetivo de conquistar novos mercados. Espera-se que este projeto aumente a produtividade das PME.

A metodologia do programa consistirá em que peritos de empresas europeias líderes se desloquem à Sérvia de seis em seis semanas e passem uma semana com os seus pares sérvios, ajudando-os a desenvolver uma estratégia financeira, a ganhar normas, a organizar a sua atividade, a aumentar o nível de competitividade, a lidar com os recursos humanos, etc.

> **Projeto de melhoria da competitividade e da inovação das PME (ICIP)**

Este projeto de dois anos teve início em maio de 2010 com 3 milhões de euros provenientes de fundos de pré-adesão. Em colaboração com o Ministério das Finanças e da Economia, a Agência Nacional para o Desenvolvimento Regional (NARD) e outras instituições e organizações. O projeto fez progressos significativos no sistema de apoio às PME e aos empresários. O projeto centrou-se no apoio à competitividade e à inovação através do reforço das capacidades das instituições governamentais e das organizações especializadas de apoio à inovação empresarial (BISO). Eis alguns dos principais objectivos do projeto;

> Melhorar a qualidade, a gama e a disponibilidade de serviços de apoio às empresas na Sérvia para as PME e os empresários, através da criação de um modelo normalizado que reforce a infraestrutura de apoio às empresas, desenvolvido com base numa avaliação das necessidades reais das empresas

> Estabelecer e aplicar as normas de qualidade para a prestação de serviços de apoio às empresas.

> Um grupo de peritos internacionais e nacionais realizou várias séries de formações teóricas e práticas para representantes de instituições governamentais e organizações de apoio às empresas, bem como para empresários. A aplicação do know-how fornecido deverá promover o desenvolvimento de PME inovadoras e competitivas.

> A ênfase especial do projeto foi colocada na sensibilização e na divulgação de informações sobre vários programas de apoio às PME para aceder aos fundos e programas europeus, bem como na cooperação entre o meio académico e a indústria, com o objetivo de aumentar a inovação das PME.

> **Projeto da UE de Apoio à Competitividade Empresarial e à Promoção das Exportações (SECEP)**
Outro projeto financiado pela UE, executado entre 2009 e 2012, no valor de 3,5 milhões de euros. O principal objetivo era melhorar a competitividade das empresas e a capacidade de exportação das PME na Sérvia.

Um dos muitos benefícios deste projeto foi a abordagem dos desafios da internacionalização das empresas sérvias, através da criação de uma associação de exportadores, a Associação de Exportadores da Sérvia (EAS), cujos membros foram utilizados como estudo de caso para esta investigação. Com a criação desta associação, o projeto pretendia aumentar a sensibilização e as competências das PME no comércio em mercados estrangeiros.

Além disso, o projeto contribuiu para o desenvolvimento de redes de clusters sérvios, permitindo a sua interação com clusters estrangeiros. O projeto SECEP apoiou as empresas sérvias em contactos B2B com empresas estrangeiras para proporcionar oportunidades de novos negócios orientados para a exportação. Além disso, promoveu e proporcionou a participação de empresas e parceiros sérvios em programas da UE que fomentam a inovação e a transferência de conhecimentos através da colaboração internacional. (SECEP, relatório final de 2012)

A EAS é apoiada pelo Ministério da Economia e do Desenvolvimento Regional (MoERD), pela SIEPA (Agência de Promoção do Investimento e das Exportações da Sérvia) e pelo projeto SECEP. [th]A primeira conferência teve lugar em 25 de janeiro de 2012, por ocasião da Assembleia de fundação da Associação de Exportadores da Sérvia[9] .

A componente de internacionalização do projeto destinava-se a ajudar as empresas sérvias, especialmente as PME exportadoras, a aumentar os seus conhecimentos sobre os mercados estrangeiros, a estabelecer novas ligações comerciais e a aceder à participação em programas internacionais financiados pela Comissão Europeia.

> **Associação Sérvia das Pequenas e Médias Empresas (SA SME)**

A Associação Sérvia de PME é uma organização não governamental, sem fins lucrativos e apolítica, fundada em 1999/2000, como resposta à estratégia da UE para o desenvolvimento da região e das PME, do espírito empresarial, bem como para a melhoria da política nacional da região.

Desde a sua fundação, a SA SME tem desenvolvido cooperação com as seguintes organizações: Organização Mundial para a Cooperação e Desenvolvimento Económico (OCDE LEED), União das Pequenas e Médias Empresas da UE (UEAPME) e Organização Mundial para o Apoio e Desenvolvimento das Pequenas e Médias Empresas (INSME). A cooperação com as organizações acima referidas ajudou a associação nas tendências internacionais da globalização com resultados significativos no desenvolvimento do espírito empresarial.

A principal missão e visão é advogar e defender os interesses das PME enquanto detentoras da economia sérvia.

A associação ajuda a criar um ambiente empresarial estimulante através da aplicação do *Small Business Act* e do princípio *Think small first*. Apoia e ajuda as PME no seu aparecimento nos mercados estrangeiros, orientando as políticas para medidas orientadas para o crescimento, assegurando a prosperidade a todos os níveis.

Como um dos maiores problemas do sector das PME é o acesso a activos para o desenvolvimento de negócios e a colocação de bens nos mercados nacionais e internacionais, a Associação Sérvia de PME está fortemente orientada para tornar a Sérvia moderna, ajudando os seus membros a aceder aos fundos e programas da UE. (SA SME, 2011)

9

http://www.europa.rs/en/projects/projektoe aktivnosti/1363/Foundmg+the+Exporters+Association+of+Serbi a.html#sthash.luWyaUnJ.dpuf

As PME sérvias recebem aconselhamento e apoio geral dos prestadores de serviços às empresas (BSP) em áreas como o planeamento empresarial, o desenvolvimento da organização, a gestão dos recursos humanos e da liderança, a comunicação de marketing, os estudos de mercado, a imagem de marca e as relações públicas, bem como a consultoria para empresas em fase de arranque. Tudo isto ainda não é suficiente; a capacidade de gestão é limitada em domínios como a organização e a estratégia, as finanças, a produção, o marketing e as vendas, a qualidade, o acesso a novos mercados, etc. (UE, 2011)

A consultoria geral oferecida pelos consultores locais não está adaptada às necessidades individuais específicas das PME. As PME sérvias necessitam de serviços de apoio profissional de alta qualidade que visem a melhoria dos níveis de produtividade e eficiência, a fim de se tornarem competitivas nos mercados estrangeiros. Estes serviços devem centrar-se no desenvolvimento a longo prazo do sector das PME, fornecendo informações sobre as oportunidades de mercado, as novas tecnologias e as melhores práticas de gestão (ibid., 2)

No que se refere à competitividade económica, a Sérvia é o país com a classificação mais baixa.

A importância de reforçar a competitividade através da melhoria do sistema educativo é essencial para que as nossas ideias se tornem visíveis e sustentáveis, como afirma o Prof. Pitic. (Blic vesti, 2014)

A necessidade de incluir uma nova disciplina nos currículos das faculdades sérvias é "Empreendedorismo" como uma prioridade e um imperativo declarado num encontro intelectual que abrange o tema "Desenvolvimento institucional do empreendedorismo e das inovações na Sérvia" realizado na FEFA (Faculdade de Economia, Finanças e Administração) a 25 de setembro[th] , 2014. (Ibid, 2014). Goran Pitic, representante do conselho da FEFA, salientou a importância do desenvolvimento do empreendedorismo e da criação de um cluster de investigação intelectual e empresarial para melhorar o ambiente empresarial na Sérvia.

Uma das perguntas do nosso inquérito foi a de saber até que ponto estão informados sobre as medidas de apoio existentes na Sérvia. A resposta foi positiva: 55% estão conscientes de que existem numerosas medidas de apoio disponíveis na Sérvia, enquanto apenas 22% têm pouco conhecimento das medidas de apoio e 22% não têm informação suficiente sobre onde obter esses serviços. (Ver gráfico abaixo)

Gráfico 3. Conhecimento das PME sobre as medidas de apoio disponíveis na

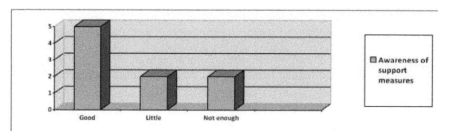

Sérvia

Fonte: Inquérito próprio

Apesar de a maioria dos participantes no nosso estudo de caso estar ciente das medidas de apoio disponíveis na Sérvia, o trabalho de fornecer informações e facilitar o acesso a várias medidas deve ser continuamente atualizado e fornecido a todas as PME, especialmente às que planeiam internacionalizar-se.

Deve ser feito um trabalho contínuo para reduzir o número de pessoas que sabem pouco ou não sabem o suficiente sobre as medidas de apoio disponíveis no país.

AS LACUNAS NOS SERVIÇOS DE APOIO

Como vimos, o mecanismo dos serviços de apoio na UE está bem desenvolvido. No entanto, há sempre espaço para melhorias e, com o feedback constante dos empresários, os serviços de apoio podem ser ajustados exatamente à medida certa e à escala suficiente para satisfazer as necessidades das PME.

Para além das medidas de apoio, em termos de projectos e programas na Sérvia, nos últimos dois anos, vários estudos e relatórios chegaram à conclusão de que, infelizmente, não houve uma evolução positiva no que diz respeito ao ambiente empresarial na Sérvia.

[nd]De acordo com o Banco Mundial, no relatório Doing Business, a Sérvia ocupa o 92.º lugar entre 183 lugares no que respeita ao ambiente empresarial.

O projeto USAID, em 2011, perguntou a 913 empresários se as condições de negócio melhoraram na Sérvia. O resultado foi que um dos maiores obstáculos continua a ser o domínio dos **procedimentos administrativos, em** segundo lugar estão os **encargos fiscais, os impostos sobre o rendimento e os salários.** (Ibid, 7)

No relatório final da UE de 2011, *Oportunidades de internacionalização das PME*, foram identificadas como prioritárias as seguintes lacunas de apoio:

- Existe ainda uma **lacuna de informação** sobre o ambiente empresarial local (especialmente em países com um ambiente regulamentar instável);

- Assistência em eventos de matchmaking e **procura de parceiros comerciais fiáveis;**

- Existe uma **falta de coordenação** entre os organizadores da missão comercial;

- Os empresários precisam de ajuda para identificar os recursos humanos quando fazem negócios em alguns países;

- **Portal de informação em linha** com informações fiáveis, coerentes e regularmente actualizadas em inglês;

- **A prestação de formação,** como a prática de negociação de contratos e similares, é uma das necessidades das PME na UE. (UE, 2011)

Estes serviços de apoio e lacunas constituem uma boa base para ser utilizada como referência para as PME sérvias. Devem ser utilizados como directrizes para a criação de um mecanismo ou gabinete de serviços de apoio que possa ajudar as PME na sua aventura de internacionalização.

*Fizemos a seguinte pergunta às nossas PME: "Que **lacunas** nos serviços de apoio encontraram durante a sua atividade no estrangeiro?*

Os resultados do nosso inquérito indicam que continua a haver necessidade de apoio na celebração de acordos e contratos comerciais com parceiros comerciais estrangeiros ou no chamado processo de "matchmaking". Há falta de informação disponível sobre o mercado estrangeiro, bem como de formação e acompanhamento quando se fazem negócios no estrangeiro. Não dispõem de pessoal adequado e de portais electrónicos que lhes possam fornecer informações precisas sobre os mercados estrangeiros. (Ver gráfico abaixo)

Gráfico 4. Lacunas identificadas nas medidas de apoio

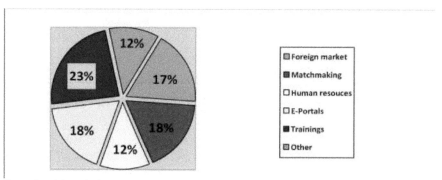

Fonte: Inquérito próprio

Durante a minha entrevista pessoal com a empresa LOGO, uma das principais lacunas da

serviços de apoio foi a falta de conetividade e de fluxo de informação do principal ponto de contacto - o Instituto Mihailo Pupin e outros potenciais parceiros.

Não é fornecida aos potenciais parceiros informação adequada sobre os produtos e serviços que a LOGO fornece. Deveria ser feito mais trabalho de matchmaking e, uma vez estabelecido o primeiro contacto, deveria ser feito um acompanhamento dos acordos ou contratos comerciais celebrados. Isto ajudaria muito as PME como a LOGO a estabelecer novos contactos comerciais e a criar novos parceiros comerciais.

ANÁLISE DO INQUÉRITO DE INVESTIGAÇÃO

13.1 Objeto de investigação

O inquérito de investigação foi realizado entre exportadores, membros seleccionados da Associação de Exportação da Sérvia (EAS). Escolhemos uma seleção de 20 membros, visando apenas as PME que se dedicam à exportação há pelo menos dois anos e que adquiriram uma certa experiência que nos ajudará a responder à nossa principal questão de investigação,

- Quais são as melhores práticas de internacionalização das PME na Sérvia?

As restantes 20 empresas, também membros da EAS, são empresas de grande dimensão e algumas são fornecedores. Esta é a razão para não as incluir no nosso estudo.

Tal como mencionado anteriormente, o EAS foi criado a partir do projeto de apoio da UE SECEP, no ano de 2012, criando uma base para a futura expansão da associação para todas as empresas, independentemente da sua dimensão, que estão no negócio da exportação ou que voltaram os seus negócios para os mercados estrangeiros.

13.2 O objetivo da investigação

O principal objetivo da investigação é descobrir quais são as boas práticas de internacionalização das PMEs seleccionadas. Ao identificar as melhores práticas, a partir da experiência em primeira mão, e ao compará-las com as melhores práticas das PMEs da UE, esperamos encontrar uma semelhança ou um padrão que será utilizado como guia para todas as outras PMEs da Sérvia que estão na fase de internacionalização.

13.3 Estudo de caso e instrumentos utilizados para a investigação

No quadro seguinte (ver quadro 7), fornecemos informações básicas sobre o nosso grupo de estudo de caso.

Demos informações sobre a sua dimensão, em termos de pequena ou média empresa, o número de empregados, o principal sector da sua atividade, os mercados estrangeiros em que operam atualmente e os seus futuros mercados-alvo de interesse.

Coincidentemente, as empresas estão divididas quase equitativamente pela sua dimensão (pequenas empresas 9 e médias 11), totalizando 20. O número de trabalhadores varia entre 21 e 60 para as pequenas empresas, enquanto as médias empresas variam entre 70 e 157

Os instrumentos utilizados para a investigação foram um questionário estruturado e uma entrevista pessoal com a empresa LOGO.

Tabela 7. Informações básicas sobre as empresas seleccionadas

	Empresa	Pequeno	médio	Não. empregados	Sector dos serviços	Mercado de exportação	Mercado-alvo
1	Berko		1	24	Fabrico e conceção de máquinas agrícolas	Rússia, Moldávia, Geórgia, Ucrânia, Hungria	África do Sul, Azerbaijão
2	Fivela		1	70	Equipamento de iluminação	UE, Rússia, Azerbaijão, Ucrânia, Cazaquistão, Emirados Árabes Unidos, Montenegro, Bósnia e Herzegovina e Croácia	UE, região MENA
3	DMV	1		32	Ecrãs de LED	EUA, Canadá, UE, Rússia	UE
4	Enel PS		1	90	Equipamento TIC	BIH, Macedónia e Montenegro,	UE
5	Hera	1		25	Produção alimentar (pão e pastelaria)	França, Montenegro, Suécia e Suíça,	UE
6	Ivkovic		1	150	Vestuário	Europa, Noruega, Rússia, Suíça, EUA/Canadá,	UE
7	Malha Kooi		1	50	Vestuário	Áustria, Bósnia e Herzegovina, Canadá, Croácia, República Checa, Alemanha, Montenegro	UE
8	Korali	1		42	Mobiliário urbano	Azerbaijão,	UE
9	Logótipo		1	80	Soluções de fibra ótica	Áustria, Macedónia e Montenegro,	Médio Oriente

						Eslovénia	
10	**Luna**		1	132	Vestuário de moda	BIH, Croácia, Montenegro, Noruega Eslovénia	Rússia, Canadá, Dinamarca
11	**MTK Metal**	1		50	Produção de ferramentas de metal duro e ferramentas de aço	Rússia, UE, Ucrânia, Índia, Irão, Argélia, Bósnia e Herzegovina, Montenegro, Croácia, Eslovénia	UE
12	**Nip Spasic**	1		30	Material plástico para obras de construção	Áustria BIH, Hungria,	Rússia
13	**Patente**		1	85	Produção de alimentos para animais domésticos	Rússia, Bielorrússia, Cazaquistão, UE, Sudão, Peru, Tailândia, México, Finlândia	BIH, Macedónia UE, Rússia, Tailândia, Peru, Vietname, México, Brasil
14	**Poljostroj**	1		60	Produção de máquinas para a agricultura e a silvicultura	Cazaquistão, Moldávia, Ucrânia, Rússia, Bósnia e Herzegovina, Croácia, Bulgária	Turquia, Azerbaijão, Geórgia, Mongólia
15	**Positivo**	1		29	Equipamento informático	UE, EUA, Canadá, Taiwan e Hong Kong,	Canadá, Rússia e Tailândia,
16	**SCS Plus**		1	121	Mobiliário de escritório e de casa	BIH Alemanha, Holanda, Suécia,	UE (Áustria, Bélgica)
17	**Slovo**	1		21	Informática visual, (selos, marcas, logótipos)	BIH, Croácia, Macedónia e Montenegro,	Bielorrússia, Cazaquistão Rússia,
18	**Tehnoplast**	1		49	Equipamento para distribuição e fornecimento de eletricidade	Bangladesh, GB, Chipre, Malta, Tunísia, UE	Polónia, Eslovénia, Áustria, Alemanha
19	**Termorad**		1	105	Fabrico de aparelhos eléctricos para o lar	BIH, Kosovo Montenegro,	Croácia, Macedónia Roménia,
20	**Componentes UNIOR**		1	157	Ferramentas de brochagem, Construções soldadas	Europa do Sudeste	UE
	TOTAL	**9**	**11**				

Imagem 6. Logótipo oficial da Associação de Exportadores da Sérvia

 UDRUŽENJE IZVOZNIKA SRBIJE

Fonte: Sítio do EAS www.eas.rs

13.3.   1Informações gerais do EAS

A principal missão da Associação é apoiar os exportadores da Sérvia para que se tornem competitivos no mercado externo através da criação de redes mútuas e do estabelecimento de contactos com potenciais parceiros. A Associação trabalha no sentido de melhorar o ambiente empresarial, proporcionando o acesso a serviços de exportação de qualidade. Logo no início da sua criação, foi definido um conjunto de serviços e necessidades elementares para os exportadores, com o objetivo de aumentar os serviços após o crescimento da Associação. (EAS, 2014)

Os serviços foram agrupados em cinco objectivos estratégicos;

Aumentar a **cooperação e o intercâmbio de experiências** entre os exportadores através da organização de encontros temáticos, de um sistema de comunicação interna e de reuniões com outras associações de exportadores;

Desenvolvimento do ambiente empresarial através da recolha e análise de informações sobre as dificuldades de exportação e da eliminação dos obstáculos às actividades de exportação;

Desenvolvimento da cooperação com os principais intervenientes na exportação, fornecimento de informações sobre serviços comerciais, financeiros e de certificação de exportação favoráveis que existem no mercado sérvio - através de formações organizadas;

Aumento do **valor** e da **cobertura geográfica dos mercados de exportação** pelos exportadores sérvios - Co-organização de eventos B2B e feiras comerciais;

Trabalhar **no reforço da** capacidade organizacional, financeira e técnica da Associação, organizando reuniões e conferências anuais, reforçando a viabilidade financeira da Associação e os serviços de informação.

No momento em que escrevemos e trabalhamos nesta investigação, o EAS está apenas formalmente ativo, o que significa que o sítio Web está registado até ao final de 2014, no entanto, muito pouca atividade foi realizada após a sua criação em 2012, após o encerramento do projeto SECEP e após o ano de 2013. O resultado de tal comportamento deve-se principalmente à falta de fundos e de interesse dos membros e das organizações e instituições governamentais que estiveram envolvidas na sua criação.

A nossa conclusão, bem como a nossa recomendação, relativamente à situação da EAS, é que o Governo, juntamente com as PME, tem de distinguir e perceber a importância de ter uma associação deste tipo. Devem ser encontrados e afectados fundos para a continuação e o reforço da Associação como um suporte chave e motivador para a promoção do desenvolvimento das PME e para ajudar as PME a internacionalizarem-se. A Associação deve estar presente para acompanhar e fornecer as informações necessárias em primeira mão às PME que estão em vias de se internacionalizar ou que começaram a trabalhar em mercados estrangeiros.

Sabendo da importância da existência desta associação, no nosso questionário, colocámos a seguinte questão ao nosso grupo de estudo de caso

■ *Considera que é necessário que a Associação prossiga o seu trabalho?*

Foram dadas três opções para a resposta - Sim, Não e Talvez - mas com uma forma diferente (ou seja, não como é atualmente). Os resultados foram os seguintes. (Ver gráfico abaixo)

Gráfico 5. Se a Associação prosseguir a sua ação

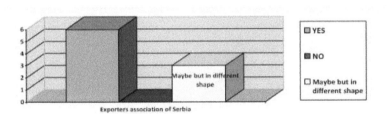

Fonte: Estudo próprio

A partir do exposto, podemos ver que o nosso estudo de caso está consciente da importância de ter uma associação deste tipo, ou seja, 67% para ser exato. Metade deles pensa que deveria existir uma associação de exportação semelhante na Sérvia, mas com uma forma diferente. Isto é promissor, uma vez que acreditamos que, apesar de o trabalho da atual Associação não estar ativo, num futuro próximo esperamos que haja iniciativa de uma ou mais PME para continuar o trabalho da Associação ou estabelecer independentemente uma associação semelhante, independentemente da ajuda do Governo ou não.

13.3.2 Entrevista pessoal com a empresa LOGO - resultados

Foi efectuada uma entrevista pessoal com a Sra. Nevena Conic, especialista em marketing. A LOGO tem a sua sede em Belgrado, no Bulevar Kralja Aleksandra 261, enquanto os centros de produção e de serviços estão situados em Borca, na rua Bratstva i jedinstva 30. A empresa está a trabalhar desde 1990, ou seja, há mais de 24 anos.

Informações gerais

A LOGO é uma empresa de média dimensão, que conta com mais de 80 funcionários locais. Começou como uma pequena empresa familiar privada, especializada em cabos para transmissão de eletricidade. Na altura, foi a primeira empresa de ótica no país e na região da Jugoslávia. Com trabalho árduo, seguindo e ouvindo os pedidos e exigências do mercado, a LOGO conseguiu tornar-se uma empresa de sucesso, fornecendo soluções tecnológicas específicas no domínio dos sistemas de fibra ótica para comunicação, segurança e informação. A LOGO foi criada em 1990 como sociedade de responsabilidade limitada, especializada em engenharia, produção, vendas e assistência técnica.

Em 2006, a empresa alterou o seu modelo de negócio, respondendo novamente às novas exigências e solicitações dos seus parceiros e clientes em crescimento. Devido aos seus produtos específicos de alta qualidade, introduziu e padronizou os seus produtos de acordo com as normas ISO 9001:2000.

A LOGO está também muito consciente e tem sensibilidade para o ambiente. Introduziu normas ambientais e requisitos de proteção da saúde e segurança no trabalho. (Logo, 2014)

A LOGO tem mais de 20 anos de experiência profissional e continua a trabalhar na formação do seu pessoal, seguindo as exigências dos seus clientes e parceiros, actualizando continuamente actividades como a engenharia informática, a produção e a assistência técnica. (Ibid, 2014)

Processo de internacionalização da LOGO

Os principais mercados de exportação da LOGO são a Áustria, a Eslovénia, a Macedónia e o Montenegro. O mercado de exportação visado é o Médio Oriente, com ênfase no Japão e na Ásia.

Atualmente, a empresa fornece ao seu mercado externo serviços como consultoria, projeção e conclusão de obras, bem como manutenção. No ano de 2010, a LOGO abriu uma organização irmã em Banja Luka, principalmente para responder às necessidades dos seus parceiros da BIH.

A LOGO iniciou o seu processo de internacionalização quando fez acordos comerciais com os seus parceiros da Suíça, tornando-se o seu fornecedor de exportação. A LOGO foi capaz de fornecer pessoal local altamente qualificado e experiente que foi utilizado para montar cabos ópticos específicos para o seu parceiro suíço estrangeiro. Depois de montados, os cabos eram exportados para outros países da Europa.

Quando questionados sobre quais os principais obstáculos ao seu processo de internacionalização, a LOGO sem hesitar colocou a falta de recursos financeiros como o principal obstáculo, especialmente no início da sua viragem para o mercado externo. Mais tarde, deparou-se com dificuldades relacionadas com a falta de conhecimentos sobre o mercado, dificuldades linguísticas e problemas em seguir e lidar com a regulamentação administrativa no mercado estrangeiro.A LOGO está bem ciente de todas as medidas de apoio previstas na Sérvia. Recebeu subsídios e subvenções do governo. Participou em muitos seminários, acções de formação e eventos relacionados com a melhoria da sua atividade no mercado externo. Tem sido utilizador de projectos de apoio da UE.No entanto, continuam a existir lacunas nos serviços de apoio. De acordo com o LOGO, estas lacunas devem ser colmatadas em breve, a fim de atenuar a tendência para trabalhar fora do mercado local.O estabelecimento de novas parcerias e empreendimentos comerciais é feito principalmente através de ligações privadas, no nosso caso através das competências de gestão e dos conhecimentos do proprietário e do gestor da LOGO. As instituições governamentais dão pouco apoio no que respeita ao matchmaking e ao estabelecimento de parcerias com empresas estrangeiras.

As dificuldades em encontrar pessoal adequado para o trabalho no mercado externo são também um problema. O pessoal tem de ser formado e continuamente educado de acordo com as necessidades e a rápida evolução do mercado estrangeiro. - Quando se perde o passo e se fica para trás, é muito difícil regressar à mesma posição no mercado e ter a mesma credibilidade que se tinha anteriormente". - A necessidade de ter portais electrónicos que forneçam informações sobre vários mercados estrangeiros tornou-se agora uma necessidade. Estes portais electrónicos devem ser actualizados regularmente, fornecendo informações essenciais que ajudem as empresas a trabalhar com mercados estrangeiros com menos obstáculos e encargos a ultrapassar. O instituto é a ponte e o ponto de contacto entre as PME da Sérvia e as PME da UE, como é o caso da nossa empresa Logo. A Logo acredita que devem ser tomadas mais medidas por parte do instituto, actuando como ponte e ligação para todos os parceiros comerciais actuais e potenciais. Os sérvios Quando questionados sobre os países para onde mais exportam, obtivemos os seguintes resultados;

A Câmara de Comércio não é suficientemente ativa no que diz respeito à criação de parcerias. As informações sobre conferências, eventos e jornadas de parceiros TIC a nível mundial devem ser acompanhadas regularmente e enviadas às empresas interessadas na Sérvia.

A Logo está consciente da necessidade de inovação no seu trabalho. A informação e as novas inovações e equipamentos são fornecidos pelos seus fornecedores, a Suíça e o Japão. Eles sabem a importância disto e utilizam-no da melhor forma na sua linha de produção, procurando sempre novas formas de melhorar e satisfazer as necessidades dos seus clientes.

13.4 **Outros** resultados interessantes do questionário

Para fazer uma comparação e ver qual a teoria da internacionalização que pode corresponder às nossas PMEs alvo, perguntámos ao nosso grupo de estudo de caso o seguinte.

- Há quanto *tempo trabalhavam no mercado nacional antes de se voltarem para o mercado externo?*

Gráfico 6. Tempo necessário para passar do mercado interno para o mercado externo

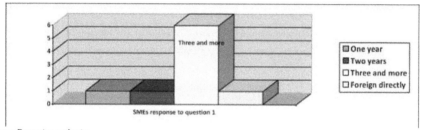

Fonte: Pesquisa própria

Não é de surpreender que a maioria das PME, ou seja, 67% delas, tenha exercido a sua atividade no mercado local durante um período de três ou mais anos antes de se voltar para o mercado externo. Apenas uma empresa respondeu que a sua atividade se orientou para o mercado externo desde o início ou desde o estabelecimento.

Ao analisar esta informação, podemos confirmar que a teoria do "modelo de Uppsala" ainda pode ser vista e é um processo pelo qual muitas pequenas e médias empresas passam. Podemos dizer que existe uma tendência para aprender primeiro, passando por fases e adquirindo conhecimentos sobre o mercado estrangeiro.

Não é de surpreender que os países da UE sejam o principal destino das suas exportações, ou seja, 42%. Seguem-se os países europeus, os países não membros da UE, o Próximo Oriente, a América do Norte e a Ásia. (Ver gráfico 7. abaixo)

Gráfico 7. Principais países de exportação

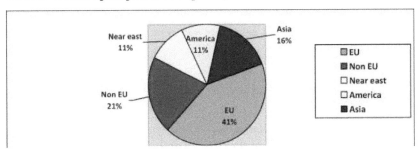

Fontes: Pesquisa própria

A partir do quadro de informações básicas do nosso estudo de caso (Quadro 5), verificamos que os países da UE continuam a ser o atual mercado de exportação, bem como o futuro mercado-alvo, apesar de existirem outros que pretendem iniciar actividades nos antigos países soviéticos, na Rússia, no Médio e Próximo Oriente, na Tailândia e no Canadá.

Por isso, ao criar medidas de apoio às empresas que se estão a internacionalizar, as medidas devem ser adaptadas aos países da UE, enquanto futuros membros da UE. No entanto, isto não significa que não devam ser elaboradas e seguidas e actualizadas medidas de apoio para outros países como mercados-alvo, como a Ásia e o Extremo e Próximo Oriente. Estes são países específicos com a sua cultura e costumes que devem ser seguidos e tidos em conta se as PMEs quiserem ser bem sucedidas no seu processo de internacionalização.

Quando se perguntou ao nosso grupo de estudo de caso quais eram os principais factores de motivação para se virar para o mercado estrangeiro, as respostas foram, na sua maioria, para adquirir novos conhecimentos (inovação, tecnologia) ou para alcançar o crescimento da empresa (melhor preço, novo produto ou serviço). Outros factores de motivação ou estímulos para a internacionalização foram o trabalho em rede e as alianças.

Podemos dizer que a internacionalização e a inovação andam de mãos dadas. A inovação é um dos factores de motivação para entrar num mercado estrangeiro, de acordo com o questionário ao nosso grupo de estudo de caso. Podemos encontrar em muitas literaturas de investigação que

a inovação e a exportação estão ligadas. Tanto a exportação como a inovação aumentam em simultâneo com a produtividade. Também as importações estão relacionadas com as inovações, uma vez que se verifica que todas as empresas inovadoras importam, "as empresas mais inovadoras obtêm mais produtos estrangeiros" (Altomonte, C. et al, 2014)

Aprendemos que os factores de motivação vêm do exterior, mas também podem vir do interior. Pedimos ao nosso grupo de estudo de caso que assinalasse um de quatro factores

respostas possíveis à pergunta sobre *qual foi o fator mais comum para se voltar para o mercado externo*. Para além da aquisição de mais conhecimentos e competências, os outros factores foram. (Ver Gráfico 8)

Gráfico 8. Factores de motivação interna para a internacionalização

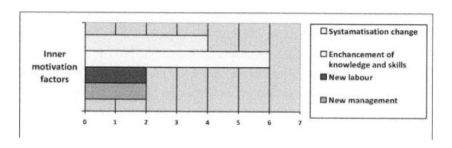

Fontes: Fonte própria

A aquisição de conhecimentos e de novas competências é o fator de motivação mais comum dentro de uma empresa para se voltar para o mercado externo. O facto de haver novos funcionários e gestores não constitui uma grande motivação. No entanto, tem influência sobre o gestor para se virar para novos mercados.

Para uma empresa se virar para o mercado externo, tem de ter um certo grau de flexibilidade, o que significa que precisa de se ajustar às mudanças que surgem durante o seu processo de internacionalização. O nosso grupo de estudo de caso é muito flexível nos seus negócios quando vai para o estrangeiro ou pode ser flexível se as circunstâncias do novo mercado o exigirem, de acordo com a pergunta do inquérito n.º 13. (Ver Anexo 1.)

Foi perguntado ao nosso grupo de estudo de caso, o que fariam se, no seu processo de internacionalização, tivessem encontrado uma forte concorrência? A maioria respondeu da seguinte forma, enumerando a resposta mais comum como primeira opção e assim sucessivamente (ver lista abaixo)

Ao deparar-se com uma forte concorrência no mercado externo, a empresa

■ Aumentar a qualidade do seu produto/serviço,

■ Aumentar a diferenciação dos produtos ou encontrar um novo nicho de mercado,

■ Melhorar os serviços de marketing,

■ Formar uma parceria estratégica,

■ Procurar novos mercados,

■ Reduzir o preço.

RECOMENDAÇÃO PARA AS PME SÉRVIAS

De acordo com os resultados do estudo de investigação, podemos concluir que é muito importante que todas as medidas de apoio sejam adaptadas e preparadas de acordo com as necessidades e recomendações das PME. Tal só pode ser conseguido, de acordo com o relatório da OCDE (2009, 31), através da aplicação rigorosa dos resultados de vários programas de apoio, projectos e estudos. As informações e o feedback podem ser obtidos através de várias associações e organizações de PME que têm contacto direto com os empresários.

O governo desempenha um papel fundamental no desenvolvimento e na competitividade das PME. O governo sérvio deve continuar a trabalhar em estreita colaboração com as PME, deve cultivar uma mente aberta e flexibilidade para as necessidades especiais das PME. Deve ser compreensivo com todos os pedidos, sugestões, apelos e queixas das PME. Ao elaborar novas medidas políticas, deve seguir as recomendações das PME, evitando assim possíveis discrepâncias entre a situação atual e os regulamentos. Questões como: As medidas de apoio abordam os obstáculos identificados pelas PME no seu processo de internacionalização? Em que medida é que a prestação de apoio corresponde às melhores práticas de internacionalização da UE? Os programas de apoio são adequadamente visíveis em linha? O que é necessário fazer para melhorar a consciencialização e o valor dos programas de apoio à internacionalização das PME? Ao abordar estas questões, a plataforma empresarial global pode ser ajustada e adaptada às necessidades das PME.

J Planear actividades de internacionalização

Quando as PME planeiam internacionalizar-se, devem realizar determinadas actividades antes de se voltarem para o mercado estrangeiro. De acordo com o relatório do Observatório das PME (2003), as seguintes actividades foram identificadas como importantes antes de a empresa internacionalizar a sua atividade. UE (2003, 34)

> Identificar potenciais vendas
> Conhecer a concorrência
> Preparar uma estratégia adequada para a entrada no mercado
> Efetuar os ajustamentos de produção ou de serviço necessários
> Aprender sobre os factores socioculturais

Embora a maioria das PME esteja consciente da importância do planeamento antes de se internacionalizarem, não executam actividades de planeamento. A razão para este facto é que, de acordo com o

investigação, falta de tempo, de competências de gestão e de capacidade financeira. (Ibid, 35) Este aspeto é especialmente importante para as PME que planeiam internacionalizar-se.

Um processo internacional bem sucedido só pode ser alcançado através de um planeamento estratégico claro, com uma comunicação atempada e abrangente com os trabalhadores e as partes interessadas.

J **Utilizar todas as medidas de apoio existentes**

Atualmente, as PME na Europa não beneficiam plenamente das oportunidades oferecidas pelo mercado único, em grande parte devido à falta de informação sobre as oportunidades de negócio e as regras aplicáveis noutros Estados-Membros, bem como a competências linguísticas insuficientes. Os custos e os riscos inerentes à necessidade de lidar com vários sistemas jurídicos nacionais diferentes impedem frequentemente as empresas de expandir as suas actividades no estrangeiro.

É o caso das PME sérvias. Continua a haver dificuldade em adquirir conhecimentos sobre os mercados potenciais. É necessário estabelecer uma ligação para que as informações sobre os mercados potenciais sejam claramente apresentadas às PME e actualizadas atempadamente.

Os empresários não estão conscientes da importância da utilização do comércio eletrónico e do cumprimento das normas da UE. Os serviços de consultoria existentes não reflectem frequentemente as necessidades individuais específicas das PME. Os serviços de consultoria devem ser acessíveis, de elevada qualidade e personalizados, a fim de reforçar as capacidades das PME para crescerem, se desenvolverem e exportarem.

J **Melhorar as competências de gestão**

De acordo com o projeto da UE "Apoio ao desenvolvimento das PME", as PME na Sérvia ainda enfrentam obstáculos no desenvolvimento empresarial. Um dos principais obstáculos é a falta de competências de gestão, especialmente entre os proprietários ou gestores de empresas. Há falta de conhecimentos entre os empresários, o que resulta na incapacidade de avaliar os seus próprios problemas e de definir as suas necessidades.

É dada pouca atenção ao planeamento estratégico e à gestão, a fim de manter e/ou melhorar a posição no mercado. Os estudos de mercado não são suficientemente utilizados.

A tecnologia está, na sua maioria, desactualizada e a automatização do processo de fabrico é limitada. O nível de progresso em matéria de inovação é quase nulo ou reduzido.

A sensibilização para a aprendizagem ao longo da vida, para a atualização constante dos seus conhecimentos e competências em matéria de inovação e para a utilização do comércio eletrónico é ainda muito reduzida e deve ser reforçada.

A disponibilização de mentores, de programas de formação a longo prazo e de estagiários com experiência internacional ajudará as empresas a adquirir os conhecimentos e as competências necessárias para abordar os parceiros comerciais da melhor forma e com maior sucesso.

J Ambiente empresarial forte

O Ministério da Economia da Sérvia exerceu actividades de administração pública que, entre outras, incentivam medidas políticas para o desenvolvimento das PME, concedem empréstimos e seguros para exportação e investimentos no estrangeiro. Continua a aplicar medidas financeiras e outras para incentivar a competitividade das empresas e a liquidez das entidades comerciais na República da Sérvia.

É necessário prever um certo período de adaptação para os empresários. Em termos de introdução de novos regulamentos que envolvam as PME durante o processo de criação e aplicação. Esta deve ser introduzida como uma prática regular, ajustada em função das necessidades do ambiente empresarial e das iniciativas dos empresários.

O apoio efetivo à internacionalização das PME significa dar apoio individual às PME. Isto pode ser feito através da análise da empresa no seu todo e da preparação de um plano individual utilizando uma série de medidas de apoio[10].

J Facilitar o acesso à informação

As PME precisam de ter acesso fácil a informações sobre oportunidades de negócio no estrangeiro, potenciais práticas no estrangeiro, procedimentos de exportação e importação, normas e especificações de produtos, leis e regulamentos, para conhecer os requisitos de marketing. Desta forma, as PME minimizarão o elevado custo inicial da internacionalização, bem como os riscos inerentes a este processo. De acordo com a UE, foram destacados os seguintes aspectos para ajudar as PME a planear a sua estratégia internacional. Os programas de apoio ao matchmaking fornecem informações sobre mercados estrangeiros, cooperação transfronteiriça e serviços de informação em rede.

De acordo com o inquérito às PME europeias, cada vez mais PME estão a fazer negócios em mercados fora do mercado único. Os principais mercados-alvo são, de longe, a maioria

China, Rússia e Índia. Os obstáculos às actividades empresariais internacionais são os riscos de pagamento, os procedimentos burocráticos, a falta de financiamento, a falta

---

[10] Um bom exemplo é o programa "Austria's 'Go international" da Câmara Económica Federal Austríaca e do governo austríaco, ou a Enterprise Ireland, concebido para ter em conta todas as necessidades das empresas, a fim de as posicionar melhor para a internacionalização.

de informação adequada sobre o mercado, a legislação e a regulamentação dos mercados estrangeiros e as diferentes normas técnicas nacionais. (UE, 2011, 6) O facto de três quartos de todas as PME da UE activas a nível internacional não terem conhecimento das medidas de apoio existentes é preocupante. De acordo com o estudo, a UE adoptou 300 medidas de apoio, na sua maioria de natureza geral, centradas no mercado único, mas cerca de 100 medidas centram-se no mercado externo da UE.

O tipo de apoio que as PME esperam da UE e que vêem beneficiar é principalmente no domínio da obtenção de assistência na identificação de parceiros comerciais, do fornecimento de informações adequadas sobre oportunidades de mercado e do fornecimento de informações adequadas sobre regras e regulamentos;

J Aumentou o número de negócios internacionais devido ao apoio (42%)

J Não teria iniciado as actividades sem o apoio (25%)

J Iniciaram mais cedo as actividades empresariais internacionais (25%) (UE, 2011, 7)

J Trabalhar no reforço do espírito empresarial
Em 2007, o Flash Eurobarómetro sobre mentalidades empreendedoras revelou que apenas 45% dos europeus preferiam trabalhar por conta própria, enquanto que, ao mesmo tempo, as mentalidades empreendedoras dos EUA revelavam 61%. Penso que a situação atual não se alterou consideravelmente.

Continua a ser necessário realçar a importância e o apelo ao espírito empresarial ou ao trabalho por conta própria. O trabalho por conta própria é uma opção de carreira atractiva, bem como uma oportunidade em que as ideias e ambições de cada um podem ser concretizadas e transformadas em empreendimentos de sucesso. Atualmente, com a elevada taxa de desemprego na Sérvia, o autoemprego parece ser a única solução. É muito importante fazer com que as pessoas pensem no autoemprego e no empreendedorismo logo no início dos seus anos de escolaridade. O sistema educativo deve incluir nos seus currículos mais informação sobre o espírito empresarial e as vantagens de gerir ou criar uma pequena empresa. Por exemplo, dotar os futuros e novos empresários de competências básicas que possam ser utilizadas como trampolim, criando um ambiente em que o empreendedorismo seja mais apreciado desde o início dos anos de escolaridade.

A Estratégia UE 2020 salienta a necessidade de introduzir a criatividade, a inovação e o empreendedorismo nos currículos escolares. No Small Business Act for Europe, foi mencionada a necessidade de introduzir o empreendedorismo no sistema educativo, nos currículos escolares, para que as crianças, desde o início, apreciem e compreendam, bem como adquiram as competências necessárias para iniciar o seu próprio negócio após a conclusão do ensino. (UE, 2012 Guidebook Series 1) É igualmente importante estimular a mentalidade inovadora e empreendedora entre os jovens, a fim de "estabelecer uma cooperação com a comunidade empresarial e desenvolver estratégias sistemáticas para a educação para o empreendedorismo a todos os níveis". (UE 2012, 11) A competência-chave no quadro "Empreendedorismo e sentido de iniciativa" é a aprendizagem ao longo da vida, que se define como "a capacidade individual de transformar ideias em ação". A capacidade de ser, ao mesmo tempo, criativo, inovador e não ter medo de correr riscos, bem como de planear e gerir projectos para atingir objectivos.

J Continuar a sensibilizar para a internacionalização

Muitas PME ainda têm medo ou pensam que é demasiado caro e arriscado internacionalizarem-se. A promoção de todos os benefícios da internacionalização de uma empresa e a sensibilização para os programas de apoio existentes poderiam fazer com que mais PMEs se voltassem para o mercado externo.

CONCLUSÃO

Dito isto, vamos ver se conseguimos responder às nossas questões específicas de investigação.

4- Quais são os principais factores de motivação para a internacionalização das empresas na Sérvia?

Sem dúvida, podemos concluir que os principais factores de motivação para a internacionalização das empresas na Sérvia são a obtenção de lucros, através do acesso a mercados novos e maiores. Factores de motivação como o aumento do crescimento da empresa, a melhoria da competitividade, a aquisição de conhecimentos e o acesso a novas tecnologias são motivações que levam as empresas a optar por uma nova forma de fazer negócios. Internacionalização.

Aprendemos que, para se virar para o mercado externo, a empresa precisa de ter um produto ou serviço único e superioridade tecnológica. No entanto, para o conseguir, devem ser cumpridas determinadas condições.

A empresa deve possuir o "fator empresarial". A direção ou o proprietário da empresa deve ter a vontade e o desejo de se voltar para o mercado externo e de crescer. Este fator é também designado por fator de atração. Se a empresa reconhece uma oportunidade no mercado externo, é o chamado fator de atração.

Para além do fator empresarial, devem existir também estímulos internos e/ou externos para motivar o empresário a voltar-se para o mercado externo. Quando a empresa recebe determinados estímulos e os factores ambientais são favoráveis, a empresa orienta a sua atividade para o mercado externo.

Outro fator de motivação importante que faz com que a empresa passe do mercado local para o mercado externo é o facto de a empresa abandonar as velhas rotinas e práticas e adotar novas formas e práticas que aprendeu e aceitou na gestão da empresa.

A empresa deve reagir rapidamente e não esperar um longo período de tempo antes de se virar para novos mercados estrangeiros. Quanto mais flexível for a empresa, mais rapidamente se voltará para o mercado externo.

4- As boas práticas podem influenciar os empresários a internacionalizarem as suas empresas?

A nossa segunda questão de investigação específica é promissora, uma vez que as boas práticas podem influenciar os empresários a internacionalizarem a sua atividade. Com a aquisição de novas competências de gestão e de pessoal, o empresário ganhará a confiança e a segurança necessárias para decidir voltar-se para o mercado externo ou internacionalizar a sua empresa.

Seguindo e utilizando as medidas de apoio existentes do governo sérvio e sendo beneficiário dos projectos da UE, apoiando o desenvolvimento das PME, tudo isto ajudará o empresário a internacionalizar a sua atividade. A empresa deve pensar continuamente no futuro e estabelecer o primeiro contacto necessário com potenciais parceiros comerciais. O contacto pode ser facilmente estabelecido e estabelecido através da participação em eventos de matchmaking, manifestações comerciais, feiras B2B e outras medidas de apoio que ajudarão os empresários a dar o primeiro passo para transformar e transformar o negócio para o mercado estrangeiro.

Do nosso estudo, aprendemos que o empresário é flexível na tomada de decisões e que existem poucas ou nenhumas barreiras hierárquicas, o que ajuda muito o caminho para a internacionalização.

O empresário deve adquirir os conhecimentos necessários; deve adquirir competências de gestão de modo a poder utilizar os conhecimentos de forma adequada e tomar decisões correctas e atempadas para se virar para o mercado externo. Quando o empresário adquire confiança e segurança, com a estratégia de marketing correcta, pode ser influenciado e forçado a voltar-se para um novo mercado fora do mercado local. Durante a sua atividade, o empresário deve compreender e aceitar as diferenças, como a língua e a cultura do novo mercado. Deve adaptar-se continuamente às novas exigências e procedimentos do mercado, a fim de ter êxito no novo território.

E para ver se a nossa hipótese pode ser confirmada

> O processo de internacionalização é a nova forma moderna de negócio, especialmente para as PME em rápido crescimento.

O processo internacional é uma nova forma de negócio necessária no mundo moderno e globalizado de hoje. Para que qualquer empresa seja bem sucedida, deve estar aberta e ser flexível às rápidas mudanças no mundo dos negócios. Deve ser capaz de estar preparada para responder e reagir a todas as barreiras e obstáculos que o negócio traz. Ao fazê-lo, conseguirá estar à frente dos outros, obterá crescimento e lucro. Obterá boas competências de gestão e de pessoal que ajudarão a empresa a manter-se entre as melhores.

Anexo 1. Questionário do grupo de estudo de caso

Belgrado, setembro de 2014

Caros exportadores,
Obrigado pelo vosso tempo e por aceitarem fazer parte do estudo de caso. A sua informação de contacto foi-nos fornecida pela Associação de Exportadores da Sérvia (EAS). (www.ear.rs) Para o efeito, compilámos quinze perguntas breves relacionadas com a sua empresa no processo de internacionalização.

Com este estudo de caso, tentaremos responder quais são as boas práticas empresariais no mercado externo ou no processo de internacionalização na Sérvia.

Por favor, responda a este inquérito com a maior honestidade possível, de modo a que o estudo seja o mais exato possível. Note que as suas respostas serão utilizadas apenas no âmbito deste estudo e garantimos total confidencialidade.

Após a conclusão do questionário, envie as suas respostas para o seguinte endereço eletrónico: slavica stojkovic@yahoo.com

Com os melhores cumprimentos,

Slavica Stojkovic
Estudante / Investigador
Estudos de mestrado Faculdade DOBA, Maribor, Eslovénia
Gestão de Empresas Internacionais

Questionário para PME exportadoras

1. **Há quanto tempo trabalha no mercado local antes de se virar para o mercado externo?** (Por favor, circule ou sublinhe a resposta)
a. Um ano
b. Dois anos
c. Três anos ou mais
d. Trabalhar no mercado externo desde o início

2. **Qual é o seu principal país de exportação?** (Por favor, circule a resposta, pode haver várias respostas).
a. Países da UE
b. Países europeus fora da UE
c. Próximo da costa
d. América do Norte
e. América do Sul
f. Ásia
g. África
h. Austrália
i. Outros

3. **Encontrou algum dos seguintes obstáculos no seu processo de internacionalização?** (Faça um círculo à volta da resposta, as respostas podem ser múltiplas).
a. Falta de competências de gestão
b. Falta de recursos financeiros
c. Conhecimento insuficiente do mercado estrangeiro
d. Falta de pessoal qualificado
e. Problemas com os procedimentos administrativos
f. Outros
g. Nenhuma das anteriores

4. **Se assinalou "outro" na pergunta anterior, assinale quais são os outros obstáculos com que se deparou.**

5. **Em que medida está informado sobre os programas ou projectos de apoio às PME?**
• Bom
• Pouco
• Não é suficiente

6. **Teve apoio governamental ou estatal no seu processo de internacionalização?** (Faça um círculo ou sublinhe a sua resposta)
• Sim
• Não

7.   **Se assinalou "Sim" na resposta anterior, assinale com um círculo ou sublinhado o tipo de apoio que recebeu do governo.**
a.   Subsídios e subvenções
b.   Assistência jurídica
c.   Participação em várias feiras e eventos empresariais
d.   Conceção da apresentação na Internet
e.   Certificação do produto/sistema de controlo da qualidade
f.   Abertura de um escritório no mercado estrangeiro
g.   Beneficiário de projectos da UE
h.   Outros
8.   **Na sua opinião, quais são as lacunas nos serviços de apoio?** (Faça um círculo ou sublinhe a sua resposta)
a.   Falta de informação sobre o mercado externo
b.   Poucos contactos, como o "matchmaking" com potenciais parceiros comerciais
c.   A necessidade de identificar e afetar pessoal qualificado para o processo de internacionalização
d.   Portais Web que fornecem as informações mais recentes sobre o mercado estrangeiro e. Falta de conhecimentos em termos de negociações de contratos e afins
f. Outros
9.   **Quais foram os principais <u>factores de motivação</u> para a sua internacionalização?**
(Por favor, circule ou sublinhe a sua resposta, pode haver mais do que uma resposta)
a.   Crescimento da empresa (melhor preço, novo produto ou serviço)
b.   Acesso a novos conhecimentos (inovação, tecnologia)
c.   Fusões/alianças empresariais
d.   Outros
10.   **Encontrou inovações durante o seu processo de internacionalização?**
(Faça um círculo ou sublinhe a sua resposta)
•   Sim
•   Não
11.   **Que factores de motivação <u>externa</u> foram fundamentais para o seu processo internacional?**
a.   Ligações como fusões e cadeias de valor
b.   Ligações sociais
c.   Factores sectoriais
d.   Outros

12. **Em que medida os factores de motivação <u>interna</u> influenciaram a mudança da sua empresa?**

a.   Mudança de gestão

b.   Contratação de novos funcionários

c.   Reforço dos conhecimentos e das competências através de seminários, workshops e similares

d.   Mudança de sistematização empresarial

13. **Qual é a flexibilidade da sua empresa no desenvolvimento de negócios com o mercado externo?**

- Muito flexível
- Flexível de acordo com as necessidades
- Pouca flexibilidade

14. **O que é que faria se se deparasse com a competitividade?** (Por favor assinalar uma ou mais respostas)

a.   Aumentar a qualidade do produto ou serviço

b.   Aumentar a diferenciação da produção/encontrar um nicho de mercado

c.   Aumentar as actividades de mercado

d.   Diminuir o preço

e.   Formar uma parceria estratégica

f.   Introduzir turnos de trabalho suplementares

g.   Procurar novos mercados estrangeiros

h.   Diminuir a produção

i.   Outros

j.   Nenhuma das anteriores

15. **Considera que é necessário continuar o trabalho da Associação de Exportação da Sérvia?**

- Sim
- Não
- Talvez, mas num contexto diferente

Obrigado pela sua participação neste estudo de caso. Desejamos-lhe sucesso no seu negócio.

LITERATURA E FONTES

Altomonte, C., Aquilante, T., Bekes, G., Ottaviano, G. (2014) Internacionalização e inovação das empresas: Five the one roof. Disponível em: http://www. voxeu.org/article/intemationalisation-innovation-and-productivity-fLrms. Último acesso [1.11.2014]

AOFI (2014) Disponível em: http://www.aofi.rs/en/ Último acesso [1.11.2014]

Begg, I., Draxler, J., Mortensen, J. (2008) Is Social Europe Fit for Globalisation? Um estudo sobre o impacto social da globalização na União Europeia. Comissão Europeia. Bruxelas.

Blic Vesti (2014) FEFA: Uvesti predmet Preduzetnistvo na fakultete. Disponível em: http://www.blic.rs/Vesti/Ekonomija/497694/FEFA-Uvesti-predmet-Preduzetnistvo-na-fakultete. Último acesso [25.09.2014]

Consórcio. Países Baixos. Disponível em : http://ec.europa.eu/enterprise/policies/international/files/2013-sme-_intemationalisation-final-report_en.pdf Último acesso [18.12.2013]

Daszkiewicz, N. e Wach, K. (2012) Internationalization of SMEs: Context Models and Implementation . Gdansk University of Technology Publishers, Disponível em SSRN: http://ssrn.com/abstract=2198050

Dordevic, M. & Dordevic. A., (2011) Strategije internacionalizacije preduzeca. Biznis skola. Broj 3. Dostupno: http://www.vps.ns.ac.rs/SB/2011/7.4.pdf Último acesso [7.01.2014]

EAS (2013) Associação de exportadores da Sérvia - Udruzenje izvoznika Srbije. Disponível em:www.eas.rs

CE (2004) Observatório das PME europeias 2003, n.º 4. Internacionalização das PME. Bruxelas. Bélgica. Disponível em: http://ec.europa.eu/enterprise/policies/sme/files/analysis/doc/smes_observatorv_2003 report4 en.pdf Último acesso [15.10.2014]

CE (2007) Apoiar a internacionalização das PME. Relatório final do grupo de peritos. Bruxelas. Disponível em: http://ec.europa.eu/enterprise/newsroom/cf/ getdocument.cfm?doc id=3433. Última visita [4.01.2014]

CE (2008) Think small first. Um "Small Business Act" para a Europa. Bruxelas. Disponível em: http://eur-lex.europa.eu/LexUriServ/LexUriServ.do?uri=COM:2008:0394:FIN:EN:PDF. Último acesso [1.07. 2014]

CE (2010) Internacionalização das PME europeias. Relatório final. Unidade Empreendedorismo, Direção-Geral das Empresas e da Indústria. Bruxelas.

Disponível em: http://ec.europa.eu/enterprise/policies/sme/market-access/files/intemationalisation of european smes final en.pdf. Último acesso: [21.06.2014].

CE (2011) Oportunidades para a internacionalização das PME, Relatório final. Bruxelas. Bélgica.

CE (2013) Sérvia - Relatório de progresso de 2013. Disponível em: http://ec.europa.eu/enlargement/pdf/key documents/2013/package/brochures/serbia 2013.pdf Último acesso: 22.07.2014.

CE (2014) Relatório anual sobre a análise do desempenho das PME europeias 2013/2014: - Uma recuperação parcial e frágil. Relatório final de julho de 2014. Bruxelas. Disponível em: http://ec.europa.eu/enterprise/policies/sme/facts-figures-analysis/performance- review/files/supporting-documents/2014/annual-report-smes-2014 en.pdf. Último acesso: [13.10.2014]

CE (2014) Newsroom. Disponível em: http://ec.europa.eu/enterprise/newsroom/cf/itemdetail.cfm?item id=7673&lang=en

ECSIP (2013) Estudo sobre os serviços de apoio às PME no comércio internacional. EEN - Enterprise Europe Networks. Disponível em: (http://een.ec.europa.eu/). Último acesso [23.08.2014]

Emins (2008) Halo, Pomoc. Mala i Srednja preduzeca. Disponível em: http ://www.emins.org/sr/publikacije/evropa-plus/arhiva/serija1/broj 33/5halo. htm. Último acesso: [31.07.2014]

UE (2012) Série de Guias Como apoiar a política das PME a partir dos Fundos Estruturais.

Criar mentalidades e competências empresariais na UE. CE. Bruxelas. Disponível em: http://ec.europa.eu/enterprise/policies/sme/regional-sme-policies/documents/no.1 entrepreneurial mindsets en.pdf. Último acesso. [21.07. 2014]

EUINFO - Centro de Informação da UE. Disponível em: (http ://www.euinfo .rs/en. html) Último acesso [23.08.2014]

EUREKA (2014) Programas Eurostars. Disponível em: http://www.eurekanetwork.org/activities/eurostars. Último acesso [13.10.2014]

Eurobarómetro CE (2007) Inquérito do Observatório das PME, Resumo. Flash Eurobarómetro

198 - The Gallup Organization. Comissão Europeia. Disponível em: http://ec.europa.eu/public opinion/flash/fl196 en.pdf. Acedido em [7.01.2014]

Delegação Europeia (2011) Apoio ao desenvolvimento das PME. Disponível em: http://ec.europa.eu/enlargement/pdf/serbia/ipa/2012/pf 7 sme development.pdf. Último acesso [22.09.2014].

Ministério da Economia da Sérvia. Disponível em: http://www.privreda. gov.rs

OCDE (2009) Top Barriers and Drivers to SME Internationalisation, Relatório do Grupo de Trabalho da OCDE sobre PME e Empreendedorismo, OCDE. Disponível em: http://www.oecd.org/cfe/smes/43357832.pdf. Último acesso [3.01.2014]

Pantelic I., Pavicevic,V., Petrovic V., Milovanovic, G. (2010) Aspekti Globalizacije. Beogradska Otvorena Skola. Masarikova 5, Plata Beograd. XVI espadilha. Beograd. Sérvia. Disponível em: http://www.bos.org.yu. Último acesso [30.07.2014]

Paunovic, Z. e Prebezac, D. (2010) Intemationalization of SMEs. Faculdade de Economia. Zagreb. Croácia Vol 22 No. 1. Páginas 57-76

Penezic, Nenad. D. (2010) Preduzetnistvo Savremeni pristup. Akademska knjiga. Novi Sad.

Privredna komora Srbija (2012) Predlog nove ekonomske politike za period 20122016. godine. Beograd.

Privredna komora Srbije (2014) Spoljnotrgovinski poslovi. Dostupno na: http://www.pks.rs/PoslovnoOkruzenje.aspx?id=815&p=0. Último acesso [4.01.2014]

SA SME (2014) Disponível em: http://srb-smeasoc.org/english/about-us

Schiffer, Mirjam, e Weder, Beatrice (2001) Firm Size and the Business Environment: Worldwide Survey Results. Washington, DC. Banco Mundial e Sociedade Financeira Internacional. Disponível em: https://openknowledge.worldbank.org/handle/10986/13988. Último acesso: [29.09.2014]

Serbian Association of SME (2011) Disponível em: http://srb-smeasoc.org/english/about- us

Agência Sérvia de Registo Comercial. Disponível em: http://www.apr. gov.rs

Câmara de Comércio da Sérvia. Disponível em: http://www.pks.rs

Agência Sérvia de Crédito e Seguro à Exportação. Disponível em: http://www.aofi.rs/en/

Ministério da Economia da Sérvia (2014) Disponível em: http://www.privreda.gov.rs

SIEPA (2013) Disponível em: www.siepa.gov.rs Última visita [18.12.2013]

Svetlicic, M., Jaklic, A., e Burger, A. (2007) Internationalization of Small and Medium-Size Enterprises from Selected Central European Economies. *Eastern European Economics*, vol. 45, no. 4, pp. 36-65.

Tomanic Vidovic, Maja (2009) Preduzetnisto i kultura preduzeca. Gradivo DOBA Fakultet. Maribor. Eslovénia

Milton Keynes UK
Ingram Content Group UK Ltd.
UKHW010852280324
440101UK00001B/210